MEISHAN
ZHIJIAO TANSUO

眉山职教探索

眉山职业技术学院 编

西南财经大学出版社

中国·成都

图书在版编目(CIP)数据

眉山职教探索/眉山职业技术学院编 . —成都:西南财经大学出版社,2020.9
ISBN 978-7-5504-4529-1

Ⅰ.①眉… Ⅱ.①眉… Ⅲ.①高等职业教育—文集 Ⅳ.①G718.5-53

中国版本图书馆 CIP 数据核字(2020)第 168804 号

眉山职教探索

眉山职业技术学院 编

总 策 划:李玉斗
策划编辑:王正好
责任编辑:周晓琬
助理编辑:肖 翀
封面设计:摘星辰·Diou
责任印制:朱曼丽

出版发行	西南财经大学出版社(四川省成都市光华村街 55 号)
网 址	http://www.bookcj.com
电子邮件	bookcj@foxmail.com
邮政编码	610074
电 话	028-87353785
照 排	四川胜翔数码印务设计有限公司
印 刷	四川新财印务有限公司
成品尺寸	170mm×240mm
印 张	16.5
字 数	242 千字
版 次	2020 年 9 月第 1 版
印 次	2020 年 9 月第 1 次印刷
书 号	ISBN 978-7-5504-4529-1
定 价	98.00 元

《眉山职教探索》编委会

编委会主任
刘聘

编委会执行
罗惠扬

前　言

　　眉山职业技术学院是四川省眉山市人民政府创办的全日制普通高等学校，是四川省示范性高等职业院校、四川省高技能人才培养基地、四川省现代农业技术培训基地、四川省职业农民培训基地、四川省职业农民制度试点单位、四川省退役军人职业技能承训基地，是四川省社会科学院眉山分院共建单位，中国现代农业职教集团、中国现代畜牧业职教集团及"一带一路"国际联盟的副理事长单位，也是涵盖现代农业技术、畜牧兽医和食品加工等主要农业专业的眉山技师学院（2019 年经四川省人民政府批准增挂）。眉山职业技术学院具有 90 多年的建校办学历史，根植于以东坡文化为地方特色的中国优秀传统文化，为乐山和眉山等川南地区培养了一大批教育教学、农业技术、文化艺术、工程技术和商贸旅游等领域专业人才、管理者和党政机关干部，为区域经济社会发展提供了许多有价值的教研科研成果和发展意见建议，深受广大学生、家长和社会各界的好评。为适应新时代高水平高等职业教育发展的迫切需要，学校以建设高水平现代化职业技术大学为目标，坚持立德树人，以培养德艺双馨的高素质高技术技能人才和服务地方经济社会发展为己任，将科学研究、技术研发转化、教育教学研究等工作摆到日益重要的地位，立足于教育教学和服务社会，以高质量的研究成果支持高水平人才培养、推动科技创新及其成果转化。

　　本次编写《眉山职教探索》旨在搭建眉山高等职业教育学习研究和交流的

平台，展示本校科研教研成果；更重要的是抛砖引玉，在更大范围内吸引更多更高水平的教学科研专家共同研究和交流，推动全国高等职业教育高质量发展。

编者

2020 年 4 月

目录 CONTENTS

第一章　教育教学

目 录 CONTENTS

第二章 技术研究与应用

第三章 专题研究

第一章

教育教学

构建高校风清气正校园政治生态的探索与实践

——以眉山职业技术学院为例

张献华

摘　要 ···

　　高校作为一个相对独立的基层政治生态体系，是党和国家大政治生态系统下的一个子系统，这个子系统较之其他系统有一个区别明显且十分显著的特点，即它是一个以人文精神为主要构成元素的综合体系，肩负着培养中国特色社会主义事业建设者和接班人的重要任务。高校的政治生态决定了"培养什么人、如何培养人、为谁培养人"这个根本问题，也决定了人才培养的质量。本文以眉山职业技术学院为例，在深入调查研究的基础上，总结了近年来净化校园政治生态的成功经验，阐述了构建校园政治生态的重要意义，指出了风清气正校园政治生态的基本要素，分析了当前校园政治生态的薄弱环节，提出了构建风清气正校园政治生态的实践途径。

关键词 ···

　　高校；政治生态；基本要素；风清气正；探索；实践

2016 年 12 月 7 日，习近平总书记在全国高校思想政治工作会议上指出："一所高校的校风和学风，犹如阳光和空气决定万物生长一样，直接影响着学生学习成长。好的校风和学风，能够为学生学习成长营造好气候，创造好生态。"习总书记的话语重心长，让我们深刻感受到风清气正的校园政治生态和校园育人环境对学生的影响的重要性。领导影响干部，干部影响教师，教师影响学生。如果你是孩子的家长，你愿意把孩子送到什么样的学校、交给什么样的老师？作为教育工作者，我们应当怎样做？这是值得我们每一个教育工作者用心思考的问题。

　　本文以眉山职业技术学院为例，在学校领导、管理人员和专任教师中开展了以"构建风清气正校园政治生态的探索与实践"为题的问卷调查。为提高问卷调查的针对性和实效性，紧密结合我校近年来在净化校园政治生态建设方面的成功经验和高校普遍存在的问题，笔者设计了"净化高校校园政治生态的必要性""净化高校校园政治生态的重要意义""风清气正校园政治生态的目标和要求""当前我校政治生态方面存在的突出问题""当前我校正风肃纪方面存在的突出问题""构建风清气正校园政治生态的主要举措""在建立'亲''清'师生关系中应做好的工作"等 10 个问题。问题设计虽然不够全面，甚至存在局限性，但可以从侧面反映我校近年来净化校园政治生态建设方面的成效与不足，为本文提供一些观点和实践的支撑。本次调查共发出问卷 110 份，收回有效问卷 105 份。有效问卷中参与答题的校级领导和中层管理人员共 22 人，八级职员和一般管理人员共 49 人，专任教师 34 人；中共党员 93 人，非中共党员 12 人；专业技术人员 83 人，其中具有中高级职称人员 55 人（详见表 1）。

表 1 参与问卷调查人员分类情况分析表

类别	从事工作分类			政治面貌分类		专业技术级别分类		
	管理人员	八级职员和一般管理人员	专任教师	中共党员	非中共党员	专业技术人员	专业技术人员中具有高级职称的人员	专业技术人员中具有其他职称的人员
人数(人)	22	49	34	93	12	83	55	28
占比(%)	21.0	46.7	32.3	88.6	11.4	79.0	66.3	33.7

从问卷调查统计结果来看，无论哪类人员，对所调查问题都给予了积极的、正面的回答。比如对"净化高校校园政治生态的必要性"，回答"非常有必要"的 97 人，"有必要"的 8 人，合计占比达到 100%（详见表 2）。

表 2 "净化高校校园政治生态的必要性"回答情况表

序号	观点选项	赞成人数（人）	占比（%）
A	非常有必要	97	92.4
B	有必要	8	7.6
C	没必要	0	0
D	无所谓	0	0
E	自选	0	0

所有答题人员对"构建风清气正校园政治生态的主要举措"所罗列的 14 条措施都给予了肯定，在自由选答的情况下平均认同率达到 76.19%。其中认同率最高的有三项，依次是："A. 始终坚持党对高校的全面领导，坚持全面从严治

党，全面贯彻党的教育方针，全面落实立德树人根本任务"，认同率为89.5%；"C. 积极培育和践行社会主义核心价值观。通过教育引导、舆论宣传、文化熏陶、实践养成、制度保障等，使社会主义核心价值观内化为人们的精神追求，外化为人们的自觉行动"，认同率为88.6%；"B. 始终坚持党委领导下的校长负责制，严格执行高校党委运行规则，建立坚强有力的领导班子。坚持民主集中制原则，做到民主决策、科学决策、依法决策。坚持开放发展，促进学校高质量发展"，认同率为87.6%。（详见表3）

表3 "构建风清气正校园政治生态的主要举措"回答情况表

序号	观点选项	赞成人数（人）	占比（%）
A	始终坚持党对高校的全面领导，坚持全面从严治党，全面贯彻党的教育方针，全面落实立德树人根本任务	94	89.5
B	始终坚持党委领导下的校长负责制，严格执行高校党委运行规则，建立坚强有力的领导班子。坚持民主集中制原则，做到民主决策、科学决策、依法决策。坚持开放发展，促进学校高质量发展	92	87.6
C	积极培育和践行社会主义核心价值观。通过教育引导、舆论宣传、文化熏陶、实践养成、制度保障等，使社会主义核心价值观内化为人们的精神追求，外化为人们的自觉行动	93	88.6
D	建立正确的舆论导向，使全校师生将建设良好校园政治生态要求内化为信念，外化为习惯，固化为行动	86	81.9
E	坚持依法治校，从严治教，全面推进管理"五化"（制度化、规范化、扁平化、精细化、常态化），坚决维护制度的严肃性和权威性，确保制度的生命力	88	83.8
F	积极营造干事创业的氛围，激发全体党员、干部和教师的积极性、主动性、创造性，为干事者撑腰，为担当者鼓劲	87	82.9
G	积极营造崇德尚廉的氛围，严格执行《眉山职业技术学院推进正风肃纪工作常态化实施办法》	64	61.0
H	加大师德师风建设力度，严格执行《新时代高校教师职业行为十项准则》，教师行为示范；加大学风建设力度，严格执行《高校学生行为准则》，学生尊师乐学	61	58.0
I	建立"亲""清"的师生交往关系和校企合作关系	52	49.5

表3(续)

序号	观点选项	赞成人数（人）	占比（%）
J	坚决遏制不良风气，严厉惩处歪风邪气，严肃查处腐败问题，及时处置和曝光师生中的违纪违规典型案例	80	76.2
K	坚持"一岗双责"，认真做好职责范围内的党建、廉政风险防控、意识形态、政策落实、评先选优、晋职晋级、奖励资助等具体工作，切实做到公开、公正、公平，维护和尊重广大师生的知情权	84	80.0
L	高度重视师生关注的热点难点焦点问题，高度重视师生的信访和诉求，认真处理好事关师生切身利益的问题。学校出台事关师生切身利益的重要政策要事先广泛征求意见，充分听取建议；制定事关师生切身利益的重大措施要开展必要的社会风险评估	82	78.1
M	遵循"信任不能代替监督"原则，切实加强对党员、干部和教师的日常教育管理和监督，立足抓早抓小，正确把握和运用"四种形态"。让"关键少数"做到心有所畏、言有所戒、行有所止，不越雷池、不踩红线，不越底线	78	74.3
N	鲜明选人用人导向，完善选人用人机制，严格遵循选人用人制度，让吃苦的人吃香、实干的人实惠、有为的人有位	81	77.1
O	自选	0	0

建立"亲""清"师生关系是高校构建风清气正校园政治生态的一个极其重要的方面，参与答题人员对"在高校建立'亲''清'师生关系"给予了支持，认为"很有必要"的89人，"有必要"的16人，合计支持率达到100%（详见表4）。

表4 "在高校建立'亲''清'师生关系的必要性"回答情况表

序号	观点选项	赞成人数（人）	占比（%）
A	非常有必要	89	84.8
B	有必要	16	15.2
C	没必要	0	0
D	无所谓	0	0
E	自选	0	0

问卷罗列了建立"亲""清"师生关系中需要做的 5 项工作，在自由选答的情况下平均认同率达到 91.2%。其中对"B. 与学生建立亲密、有序、有度、清白、清晰、清新的关系，不掺杂任何私心杂念"的认同率达到 94.3%（详见表 5），这实际上是对建立"亲""清"师生关系问题的有力回应，也充分表明，教师要教书育人，自己首先要为人师表，做精神健康和品德高尚的人。

表 5 "您在建立'亲''清'师生关系中怎样做"回答情况表

序号	观点选项	赞成人数（人）	占比（%）
A	严格遵守《眉山职业技术学院教育教学人员同在校学生保持正常工作交往关系的规定》	96	91.4
B	与学生建立亲密、有序、有度、清白、清晰、清新的关系，不掺杂任何私心杂念	99	94.3
C	传道授业解惑，爱生敬业，教书育人，做每一位学生的人生导师	98	93.3
D	严守课堂讲授（会议讲话、日常交流）政治纪律，积极向学生灌输正确的人生观、价值观和世界观	94	89.5
E	建立健全"三全育人"体系（全员育人、全程育人、全方位育人），充分发挥十大育人功能（课程、科研、实践、文化、网络、心理、管理、服务、资助、组织育人）	92	87.6

参与答题的人员也指出了"当前我校政治生态方面存在的突出问题"，对罗列的 10 类问题都表示或多或少存在，在自由选答的情况下平均认同率为 13.6%。对"E. 共产党员身份意识不强，先锋模范作用、模范带头作用、骨干桥梁作用发挥不突出"的认同率（也可以理解为不满意度，下同）为 39.0%，排在第一位；其中党员对这个问题的认同率为 38.7%，非党员的认同率为 41.7%。这样的结果反映出党员和非党员都对党员自身作用的充分发挥给予了高度的期待和关注，应当引起每一位党员的深思。排在第二位的是"A. 学校校风、干部作风、教师教风、学生学风整体上还存在差距"，认同率为 28.6%，

既反映了我校坚持"八个聚焦"、狠抓校风建设取得了突出成绩，又折射出校风建设永远在路上，一刻也不能松懈，更不能停滞，必须持之以恒，常态化、制度化推进（详见表6）。

表6 "当前我校政治生态方面存在的突出问题"回答情况表

序号	观点选项	赞成人数（人）	占比（%）
A	学校校风、干部作风、教师教风、学生学风整体上还存在差距	30	28.6
B	校级领导班子安于现状，开拓创新、争创一流精神不足	16	15.2
C	干部队伍作风不实、业务不过硬、乐于奉献精神不足	18	17.1
D	管党治党宽松软，基层党组织建设薄弱，党的组织生活制度坚持得不好，党内政治生活不严格，党组织战斗堡垒作用发挥不突出	5	4.8
E	共产党员身份意识不强，先锋模范作用、模范带头作用、骨干桥梁作用发挥不突出	41	39.0
F	抓班子、带队伍、抓纪律、转作风存在明显薄弱环节；口号多，落实少，抓业务工作多，抓综合素质提升少	6	5.7
G	干部作风不实，廉政风险防控工作不到位、不扎实，办事不遵守制度和程序	6	5.7
H	意识形态工作抓得不实，思想教育工作薄弱，政治理论学习走形式	11	10.5
I	关于从严治党、党的建设、党风廉政建设和防腐败、高校巡视突出问题、审计反馈问题等若干工作任务分解方案或问题整改方案抓得不实，落实得不好，甚至停留在文件上、口头上	5	4.8
J	监督检查、督促指导工作不到位、不深入，执纪和问责存在宽松软问题	5	4.8

参与答题人员对"当前我校正风肃纪方面存在的突出问题"所罗列的9类问题同样表示或多或少存在，在自由选答的情况下平均认同率为16.4%。其中对"D. 一些同志庸懒散浮拖、落实"四个当天"制度不到位；工作马虎粗糙、质量差、效率效益不高，消极应付、虚假应对、敷衍塞责问题时有发生"的认

同率为32.4%，排在第一位。排在第二位和第三位的分别是"G. 一些同志工作态度上表现出'三个不一样'（对待上级和下级不一样、对待内部人员和外部人员不一样、对待领导和教师学生不一样），工作标准上表现出'三个不高'（标准不高、质量不高、效率不高）"和"H. 一些教师'主副倒置'，热衷于个人私业，或者只教书不育人，只上课不交流，爱生敬业精神不足"，认同率分别为23.8%和22.9%（详见表7）。

这三个问题都反映了管理人员和专任教师在工作上存在的问题。这些问题既是工作作风不实问题，又是素质能力欠佳问题；既是责任心和事业心不强的表现，也是敬业精神和奉献精神不足的表现；也表明我校倡导的"靠前指挥、干在实处、走在前列、扑下身子抓落实，深入一线抓落实"的要求还没有完全落实到位，推进管理制度化、规范化、扁平化、精细化、常态化的工作还任重而道远。

表7 "当前我校正风肃纪方面存在的突出问题"回答情况表

序号	观点选项	赞成人数（人）	占比（%）
A	在一些党员、干部、教师中存在不廉洁现象	4	3.8
B	一些学生中存在造假欺骗、请客送礼、生活奢靡、诚信缺失、浪费饭菜和生活用品、考试作弊、讲裙带关系和哥们义气等现象	13	12.4
C	一些同志"四个意识"不坚定，不讲政治纪律和政治规矩	17	16.2
D	一些同志庸懒散浮拖、落实"四个当天"制度不到位；工作马虎粗糙、质量差、效率效益不高，消极应付、虚假应对、敷衍塞责问题时有发生	34	32.4
E	一些部门（教学单位）政令不畅，执行力弱，不担当、不作为，对待工作安排斤斤计较、动辄说待遇，个人利益至上、不顾及学校大局和利益，有的甚至损害学校利益，申报工作量或加班不实的问题时有发生	17	16.2

表7(续)

序号	观点选项	赞成人数（人）	占比（%）
F	一些同志报喜不报忧，报功不报过，当面一套背后一套，表面和气暗地拆台，会上不说会下说，当面不说背后说，征求意见不说形成决定后说，有利不说不利说的现象时有发生	9	8.6
G	一些同志工作态度上表现出"三个不一样"（对待上级和下级不一样、对待内部人员和外部人员不一样、对待领导和教师学生不一样），工作标准上表现出"三个不高"（标准不高、质量不高、效率不高）	25	23.8
H	一些教师"主副倒置"，热衷于个人私业，或者只教书不育人，只上课不交流，爱生敬业精神不足	24	22.9
I	一些同志在处理校外企业参与校内管理、服务、经营合作中，不敢大胆管理、严格管理、依约管理，甚至对损害学校合法权益和师生切身利益的问题不敢说"不"	12	11.4

　　限于篇幅，笔者对问卷调查的其他结果不再赘述。下面，笔者根据眉山职业技术学院近年来在净化校园政治生态方面积极探索和实践中的经验和不足，结合本次问卷调查的统计结果和多年从事高校党务工作的体会，就高校构建风清气正的校园政治生态问题谈一些粗浅的认识和看法。

一、净化高校校园政治生态的重要意义

　　2013年1月23日，习近平总书记在十八届中央纪委第二次全体会议上首次提出"政治生态"的概念，指出"改进工作作风，就是要净化政治生态，营造廉洁从政的良好环境"。随后，他多次强调政治生态建设的重要性，强调要"全面净化党内政治生态""着力净化党内政治生态""重构政治生态""恢复党的良好政治生态""促进政治生态不断改善""营造风清气正的政治生态"等，使"政治生态"成为一个使用频率极高的词语，也成为全面从严治党的关

键词之一。"净化党内政治生态""营造风清气正的政治生态"是习近平新时代中国特色社会主义思想的重要组成部分，是新时期全面从严治党、坚定不移反腐倡廉的核心任务。

那么什么是"政治生态"呢？笔者查阅了相关资料，比较集中的表述是："政治生态"是指一定政治系统内部各要素之间以及政治系统与其他社会系统之间相互作用、相互影响、相互制约所形成的生态联动，是一个地方或一个领域内的党组织和党员干部的政治觉悟、党性修养、权力行使和价值取向的存在状态，是政治生活现状以及政治发展环境的集中反映，是党风、政风、社会风气的综合体现。由此可以看出，"政治生态"是相对于经济、社会、文化和自然生态而言的一个概念，是生态学理论在政治领域的创造性运用，是生态思维与政治实践有机融合的结果。

高校作为一个相对独立的基层政治生态体系，是党和国家大政治生态系统下的一个极其微小的子系统，这个子系统较之其他系统有一个区别明显且十分显著的特点，即高校政治生态是一个以人文精神为主要构成元素的综合体系，肩负着培养中国特色社会主义事业建设者和接班人的重要任务。从这个意义上讲，高校的政治生态决定了"培养什么样的人、如何培养人、为谁培养人"这个根本问题，也决定人才培养的质量。

高校是社会的缩影，其政治生态状况直接影响甚至决定着干部的作风、教师的教风和学生的学风；直接影响甚至决定着干部、教师和学生的价值取向。这是笔者选择研究这个课题的重要原因之一。构建风清气正的高校政治生态，是高校推进全面从严治党向纵深发展的应有之义，是高校落实立德树人根本任务的前提条件。高校只有构建良好的政治生态体系，才能充分保证党的教育方针得到全面贯彻，才能保证立德树人根本任务得到全面落实，才能保证培养德智体美劳全面发展的社会主义事业的建设者和接班人的目标不发生偏移。

二、构建风清气正校园政治生态的基本要素

风清气正的校园政治生态，既是优良党风、政风、社会风气在高校的充分体现，又是高校校园文化和大学精神的集中展现。它具体体现在校风、教风和学风诸方面，是一个全方位、广层面、多要素的综合体系，其内涵广泛、丰富。笔者认为，要构建风清气正的校园政治生态，至少应该具备以下几个基本要素：

一是有一个政治素质过硬、领导能力强、精于办学治校、勇于改革创新、敢于担当作为、争创一流、清正廉洁的领导班子。

二是有一支尽忠职守、作风扎实、精于管理、能干实干、吃苦在前、艰苦奋斗、甘于付出、敬业奉献的干部队伍。

三是有一批素质过硬、能力精湛、精于育人、厚德博学、潜心教研、爱岗敬业、爱生如子的教师团队。

四是有一个干事创业、崇德尚廉、遵纪守法、风清气正、以文化人、以文育人的育人环境。

五是有一大批爱国爱校、品德优良、诚实守信、明礼修身、弘扬正气、热爱生活、乐学上进的学生群体。

三、当前校园政治生态建设的薄弱环节

近年来，我校坚持"八个聚焦"，狠抓校风建设，以此带动学校的改革建设和发展。从总体上看此举成效显著，学校办成了几件过去想办而没有办成的大事，其美誉度和社会影响力大大提升，用人单位对毕业生的认可率也大幅上升；但从个体或局部看还存在薄弱环节，学校校风、干部作风、教师教风、学生学风以及相关工作还存在差距，一些社会不良现象在学校也时有发生，表现

比较突出的有以下几个方面：

一是一些共产党员身份意识不强，带头作用、骨干作用、桥梁作用发挥不够突出，敬业精神、奉献精神、吃苦精神、担当精神不足。

二是一些同志庸懒散浮拖，落实"四个当天"制度不到位，工作马虎粗糙、消极应付、虚假应对、敷衍塞责的问题时有发生。

三是一些同志在工作上表现出"三个不一样"，即对待上级和下级不一样、对待内部人员和外部人员不一样、对待领导和教师学生不一样；对工作要求出现"三个不高"，即标准不高、质量不高、效率不高。

四是一些教师只教书不育人，只上课不交流，爱生敬业精神不足，甚至"主副倒置"，热衷于个人私业。还有一些同志对待工作安排斤斤计较、动辄说待遇，不愿承担急难险重任务。个人利益至上、不顾及学校大局和利益的现象时有发生。

五是一些干部安于现状，不思进取，作风不实，业务不过硬，开拓创新、担当作为、争创一流、乐于奉献精神不足。

六是一些部门（教学单位）政令不畅，执行力弱，不担当、不作为，思想教育工作存在薄弱环节，政治理论学习流于形式。

七是一些同志依法管理、依约管理的意识不强，不敢大胆管理、严格管理，对一些损害学校合法权益和师生切身利益的问题不敢大胆说"不"。

八是在一些学生中存在造假欺骗、请客送礼、生活奢靡、诚信缺失、浪费饭菜和生活用品、考试作弊、裙带关系、哥们义气等现象。

四、构建风清气正校园政治生态的实践途径

我们的高校是党领导下的高校，是中国特色社会主义的高校。办好我们的高校，必须以习近平新时代中国特色社会主义思想为统领，全面贯彻党的教育

方针，始终坚持党对高校的全面领导，把立德树人的根本任务落到实处。

（一）坚持党对高校的全面领导

2014 年 12 月，习近平同志在第二十三次全国高等学校党的建设工作会议上指出："加强党对高校的领导，加强和改进高校党的建设，是办好中国特色社会主义大学的根本保证。"因此，要始终坚持党对高校的全面领导，把党的政治建设摆在首位，认真学习领会和深入贯彻习近平关于教育发展的系列重要论述和全国高校思想政治工作会议精神、全国教育大会精神，增强"四个意识"，坚定"四个自信"，做到"两个维护"；要充分发挥高校党委的领导作用，把"把方向、管大局、做决策、抓班子、带队伍、保落实"的领导职责充分体现出来；要切实履行好管党治党的主体责任，将党的全面领导落实到办学治校各领域、教育教学各环节、人才培养各方面。学校党委要在政治领导上正气十足，行政班子要在办学治校上中气十足，系部班子要在教育教学上底气十足，共同推动学校高质量发展；要切实加强学校基层党组织建设和党员队伍建设，推动基层党建和业务工作融合发展，实施高校教师、党支部书记"双带头人"培育工程。

（二）加强高校领导班子建设

高校领导班子承担着管党治党、办学治校的主体责任，是高校党委对学校工作实行全面领导的基础，建立一个政治过硬、作风过硬、纪律过硬、素质过硬、业务过硬、形象过硬的党委领导班子是十分重要和迫切的任务，是加强和实现党对高校全面领导的前提条件。因此，要严肃党内政治生活，增强其政治性、时代性、原则性和战斗性，推动党的组织生活制度化、经常化、规范化，形成团结一致、心齐气顺、严以律己、宽以待人的政治氛围；要坚持党委领导下的校长负责制，认真落实党委领导、校长负责的各项规定和要求，严格执行高校党委运行规则，把高校党委工作的 12 条职责落地落实、落细落小；要坚持民主集中制原则，做到民主决策、科学决策、依法决策；要增强开放发展、创新发展理念，促进高质量发展的信心和决心。

（三）完善现代大学治理体系

建立和完善现代大学治理制度，提升现代大学治理水平，是实现高校可持续发展的必然选择。因此，要深刻把握现代高等教育规律、大学办学规律和管理规律，以"党委领导、校长负责、教授治学、民主管理、依法治校"为指导思想，以"有利于调动广大师生、员工的积极性，有利于促进学校的稳定和发展，有利于提升学校综合实力"为原则，统揽学校治理体系和治理能力的建设；要坚持依法治校、从严治校、从严治教、从严管理的理念，把办学治校中涉及的法律法规政策和以学校章程为统领的各项管理制度学深悟透，内化于心，外化于行，把制度的基本精神融入具体的教育教学、科学研究、管理服务等实践工作中去；要坚决维护制度的严肃性和权威性，形成自觉遵从制度、严格执行制度、坚决维护制度的良好局面，确保制度的生命力，全面推进管理制度化、规范化、扁平化、精细化、常态化；要加大对廉政风险点的防控力度，做到防控责任到人、防控措施到点、防控工作到位，确保每一个管理行为都在政策和法律框架内运行。

（四）落实立德树人根本任务

"才者，德之资也；德者，才之帅也。"人才培养是育人和育才相统一的过程，育人的根本在于立德。因此，要促进新时代高校人才培养评价体系的创新，把"德"作为评价考核的首要因素，把立德树人的成效作为检验学校一切工作的根本标准；要构建"思政课程"与"课程思政"大格局，完善"十大育人"体系（课程、科研、实践、文化、网络、心理、管理、服务、资助、组织育人），创新"三全育人"途径（全员育人、全程育人、全方位育人），认真解决好"培养什么人、如何培养人、为谁培养人"这个根本问题；要理直气壮开好思政课，用习近平新时代中国特色社会主义思想铸魂育人，遵循教育规律和人才成长规律，因事而化、因时而进、因势而新，增强思想政治工作的时代感和实效性，实现思政课教师配备全面达标；要积极培育和践行社会主义核心价值观，通过教育引导、舆论宣传、文化熏陶、实践养成、制度保障等，使社会主义核心价值观内化为广大师生的精神追求，外化为广大师生的自觉行动；要加强大学文化建设，深入推进以文化人、以德育人，不断提高学生的思想水平、政治觉悟、道德品质和文化素养。对于高职院校来说，还要健全"德技并修、工学结合"的育人机制，强化具有社会责任感、创新精神和实践能力的技术技能人才培养理念。

（五）培养"四有"优秀教师团队

教师是立教之本、兴教之源。一个人遇到好老师是人生的幸运，一个学校拥有好老师是学校的光荣，一个民族源源不断涌现出一批又一批好老师则是民族的希望。一个高校应当培养、选拔、管理、使用一批有理想信念、有道德情操、有扎实知识、有仁爱之心，融传播知识、传播思想、传播真理，塑造灵魂、塑造生命、塑造人为一体的优秀教师团队，这既是高校的一项重要的政治任务，也是落实立德树人根本任务的另一个重要举措。因此，要按照"四有好老师"标准来培养教师、选拔教师，分级打造师德高尚、技艺精湛的教学名师、专业带头人、青年骨干教师，让每一个教师不仅具有扎实的知识功底、过硬的教学能力、勤勉的教学态度、科学的教学方法等基本素质，还要精于"授业""解惑"，并以"传道"为责任和使命，成为学生健康成长的指导者和引路人；要坚持教育者首先受教育的理念，加强对教师的教育和管理，"吐辞为经、举足为法"，让教师成为学生做人的镜子，以身作则、率先垂范，以高尚的人格魅力赢得学生的尊敬，以模范的言行举止为学生树立榜样；要倡导"教师优先"理念，关心、关注、关爱教师，切实做到严管与厚爱相结合，为教师创造宽松宁静的教学环境；要加大师德师风建设力度，把提高教师思想政治素质和职业道德水平摆在首要位置，深化落实《新时代高校教师职业行为十项准则》，引导广大教师以德立身、以德立学、以德施教，建立健全师德师风监督制度、考评机制，推行师德考核负面清单制度，建立教师个人信用记录和失信惩戒机制，严格执行师德师风考核"一票否决"制度。

（六）营造风清气正的育人环境

风清气正的育人环境包含广泛的内容，既包括"软件"和"硬件"，又包括人文关怀和现代精神；既有对教育主体的要求，又有对教育客体的要求；既有自律约束，又有他律惩戒。但不管从哪一方面来加以考量，总是离不开一个基本的评判标准，就是必须有利于培养和造就德智体美劳全面发展的人才。因此，要建立正确的舆论导向，将建设良好校园政治生态的各项要求落实到教育教学和管理服务各个环节，使全校师生将风清气正的基本要求内化为信念，外化为习惯，固化为行动；要建立"亲""清"的师生交往关系和校企合作关系，干部和教师之间、教师和学生之间、管理人员和合作企业人员之间都应建立亲密、有序、有度、清白、清晰、清新的关系，不掺杂任何私心杂念；要高度重视师生关注的热点、难点、焦点问题，及时解决师生的信访和诉求，认真处理好事关师生切身利益的问题，学校出台事关师生切身利益的重要政策要事先广泛征求意见，充分听取建议，制定事关师生切身利益的重大措施要开展必要的社会风险评估，充分维护和尊重广大师生的知情权，切实做到公开、公正、公平；要认真落实党风廉政建设"两个主体"的责任，严格遵循"信任不能代替监督"原则，坚持严管与厚爱相结合原则，切实加强对党员、干部和教师的日常教育管理和监督，正确把握和运用"四种形态"，让"关键少数"做到心有所畏、言有所戒、行有所止，不越雷池，不踩红线，不越底线；要坚决纠正"兼职当主业，授课当副业"和"只教书不育人"问题，坚决遏制校园不良风气，严厉惩处歪风邪气，严肃处理违背课堂讲授政治纪律、师德失范和学术不端行为，严厉查处"四风"和腐败问题，及时曝光违纪违规典型案例；要加大学风建设力度，坚持以促进学生全面发展为中心，既注重"教得好"，更注重"学得好"，激励学生主动学习、刻苦学习，增强学生的社会责任感，培养学生的创新精神和实践能力；要完善严管严教的育人机制，着力纠正学生中存在的造假欺骗、请客送礼、生活奢靡、诚信缺失、铺张浪费、裙带关系、哥们义气等不良现象，严肃惩治违反学生行为准则的违纪违规行为，依法打击校园欺凌、扰乱校园公共秩序、侵害校园师生人身安全的违法犯罪。

（七）激发干事创业内生动力

积极向上、宽松融洽的干事创业氛围，不仅可以激励教职工干事创业，也会对学生成长成才产生潜移默化的影响。因此，要完善压力传导机制、组织保障机制、利益驱动机制和管理运行机制，激发干事创业的内生动力，鲜明选人用人导向，完善选人用人机制，严格遵循选人用人制度，激发全体党员、干部和教师的积极性、主动性、创造性，让吃苦的人吃香、实干的人实惠、有为的人有位；要大力弘扬吃苦在前、担当作为、艰苦奋斗、敬业奉献的精神，人人争做教书育人的表率、师德师风的表率、服务发展的表率、履职尽责的表率；要不断强化党员身份意识，每位党员都要在党言党、在党爱党、在党忧党、在党为党，在构建风清气正校园政治生态的实践中发挥积极作用，把自身的先锋模范作用发挥到干事创业的各项工作中去；要深入学习习近平总书记关于"三个区分开来"的讲话精神，落实好干事创业的容错纠错机制，积极营造宽松的创业环境，为干事者撑腰，为担当者鼓劲，让干部心无旁骛干事业，一心一意谋发展。

五、结论

（一）构建风清气正的高校政治生态，具有十分重要的现实意义和历史意识。它是高校推进全面从严治党向纵深发展的题中应有之义，是高校落实立德树人根本任务的前提条件，是培养德智体美劳全面发展的社会主义事业建设者和接班人的目标不发生偏移的根本保障。

（二）紧紧围绕"培养什么人、如何培养人、为谁培养人"这个根本问题，是构建风清气正的高校政治生态的出发点和归宿点。

（三）高校风清气正的政治生态，体现为高校的校风、教师的教风、干部的作风和学生的学风诸方面，是一个全方位、广层面、多要素的综合体系，诸要素之间互相影响、互相促进。

（四）基于高校当前的政治生态还存在若干薄弱环节，在构建风清气正的政治生态中，应当在落实高校党的全面领导、加强高校领导班子建设、完善现代大学治理体系、落实立德树人根本任务、培养"四有"优秀教师团队、营造风清气正育人环境、激发干事创业内生动力等方面花大力气、下真功夫。

参 考 文 献

李致玲，李倩，2015. 建设高校清新校园政治生态的探索：以沧州师范学院为例 [J]. 沧州师范学院学报，3：106-108.

刘奕琳，2018. 建立"亲""清"师生关系为人才可持续发展助力 [J]. 中学教学参考，27：71-72.

汪保安，2018. 全面净化高校政治生态的探索研究：基于"四个统一"重要启示的视角 [J]. 法治与社会，1：183-184.

王晨，2019. 全国人民代表大会常务委员会执法检查组关于检查《中华人民共和国高等教育法》实施情况的报告：2019 年 10 月 21 日在第十三届全国人民代表大会常务委员会第十四次会议上 [EB/OL]. （2019-10-21）[2020-03-06]. http://www. npc. gov. cn/npc/c30834/201910/5e021a6d9c5f4577a0a090c9757ed640. shtml.

地方高职院校服务乡村振兴
人才培养的实践与思考
——以眉山职业技术学院为例

李 尧 邓惠明

摘 要 ·····

习近平总书记指出："乡村振兴，人才是关键。"作为培养一线技术技能人才的地方高职院校，为振兴乡村培养人才是义不容辞的责任，也是推动自身高质量发展的重大机遇。本文分析了地方高职院校培养乡村振兴人才面临的形势和存在的问题，以眉山职业技术学院服务乡村振兴人才培养实践为例，从更新办学理念、改革招生模式、强化内涵建设、提升培养质量、增强服务能力等方面，总结出地方高职院校服务乡村振兴人才培养的实现路径。

关键词 ·····

乡村振兴；地方高职院校；人才培养

实施乡村振兴战略，是党的十九大做出的重大决策部署。习近平总书记指出："乡村振兴，人才是关键。"培养一支强大的乡村振兴人才队伍，是实现乡村振兴战略的根本。从第三次全国农业普查统计情况来看，在全国 31 422 万农业生产经营人员中，35 岁及以下的仅占 19.2%，受过高中或中专教育的占比为 7.1%，受过大专及以上教育的比重仅为 1.2%。乡村人才匮乏等问题已成为制约乡村振兴的主要因素。

地方高职院校作为与社会经济发展联系最为紧密、服务最为贴近、贡献最为直接的高校类型之一，较之本科院校，培养乡村一线人才的经验更丰富、专业设置更匹配、专业调整更灵活，生源结构中来自农村的学生占比更高，具有服务乡村振兴战略的天然优势。因此，探究地方高职院校如何发挥自身优势，服务乡村振兴战略，培养乡村振兴所需的高素质技术技能人才，具有十分重要的理论和现实意义。

一、乡村振兴战略对人才的旺盛需求给地方高职院校带来新的机遇

（一）服务乡村振兴人才培养有利于化解地方高职院校的生存危机

如今，产业发展日新月异，技术进步一日千里，但部分高职院校未能主动适应新时代新变化，改革进度跟不上社会经济的发展速度，建设发展出现了瓶颈，甚至面临被淘汰的危险。中共中央、国务院《关于实施乡村振兴战略的意见》明确提出，支持地方高等学校、职业院校综合利用教育培训资源，灵活设置专业（方向），创新人才培养模式，为乡村振兴培养专业化人才。这无疑为地方高职院校，特别是生存发展面临困境的学校提供了新的机遇和平台。地方高职院校应牢牢抓住此次难得的机遇，围绕乡村振兴战略调整办学方向、优化专业设置、培养乡村振兴人才、服务"三农"发展，在服务乡村振兴战略中实现学校的跨越式发展。

（二）服务乡村振兴人才培养有利于解决地方高职院校的生源危机

据统计，当前全国高考录取率已达 80% 左右，高职院校可录取的优质生源有限，面对日益激烈的生源竞争，部分地方高职院校在一定程度上出现了"生源"危机。乡村振兴战略鼓励高职院校录取"新型职业农民"等各类具有技能和特长的人才，这对于地方高职院校来说无疑是政策方面的重大"利好"，对于地方高职院校拓宽办学领域，解决"生源"危机将起到重要的推动作用。地方高职院校应该以此为契机，改革招生录取制度，探索多样化入学方式和人才培养模式，不拘一格地为有志于服务乡村振兴的各类人才提供学习深造的平台。

（三）服务乡村振兴人才培养有利于地方高职院校的可持续发展

从本质上讲，地方政府开展高等职业教育，其目的就是促进当地社会经济的发展。作为地方高职院校，只有培养当地急需的人才，政府才有投入的动力，

学校才能实现可持续发展。长期以来，部分地方高职院校的人才培养与社会实际需求脱节，造成自身的发展受到限制，不利于长远发展。实施乡村振兴战略是地方政府的重要政治任务，破解当地乡村振兴人才缺口是实施乡村振兴战略的重要保障，这对地方高职院校的人才培养提出了更高要求，也为地方高职院校服务地方发展提供了更大的舞台。高质量的服务乡村振兴人才培养模式，将会得到政府更多的支持和投入，极大地促进学校的健康可持续发展。

二、地方高职院校服务乡村振兴人才培养面临的困境

（一）社会认识的偏见是制约地方高职院校服务乡村振兴人才培养的主要因素

自古以来，中国农业生产力水平普遍不高，传统农业往往意味着繁重的体力劳动，因此，社会上形成了认为从事农业农村工作就意味着劳苦和落后的偏见。近年来，随着我国经济的发展，城乡之间的差距不断拉大，社会对农业农村工作的误解和偏见进一步固化。一方面，大部分学生不愿意学农，涉农专业生源数量和质量不断萎缩；另一方面，部分高职院校认为农业类专业没有发展前途，培养农业人才得不偿失，因此农业类专业建设长期得不到重视。以四川省为例，四川省作为传统农业大省，全省却只有一所以农为主的公办高职院校，由此可见，社会的认识误区和偏见导致涉农高职院校和涉农专业不断萎缩，造成地方高职院校在服务乡村振兴战略中无人可育的尴尬局面。

（二）毕业生不愿意去农村发展是地方高职院校服务乡村振兴人才培养面临的难题

地方高职院校的生源主要来自农村，学生们深知农业生产的艰苦，大多抱着"脱农离农"的目的进入学校学习，主观上不愿意回到相对落后的农村工作生活。加之农村基层所能提供的岗位相对较少，农业技术工种社会地位和收入

待遇都相对偏低，因此毕业生中到农村基层一线就业的比例很低，农业人才留不住的情况普遍存在。而到拥有更多发展机遇、更广阔发展空间、更高发展平台的城市就业成为绝大部分学生和家长的第一选择。毕业生不愿意去农村基层就业的现状，导致农学类专业毕业生就业对口率偏低，学校辛辛苦苦培养的乡村振兴人才出现流失和浪费。

（三）地方高职院校自身的办学理念难以适应乡村振兴人才培养的需要

随着乡村振兴战略的实施，整个社会高素质农业技术技能人才缺口加大，而目前地方职业院校培养的乡村振兴人才数量远低于市场需求，这与一些高职院校的办学理念是分不开的。比如，有的学校认为职业教育低人一等，因此投入大量的精力追求升格，在抓内涵建设、抓人才培养等方面下的功夫不够，导致学生知识结构及就业能力与乡村振兴战略的需求不匹配；有的高职院校不愿意增加涉农专业办学条件的投资，只是一味追求高回报；有的高职院校片面地认为培养乡村振兴人才是农业类院校的责任，与自己无关，因此培养培训乡村振兴人才的积极性和主动性不高；有的高职院校在社会服务中追求名声和效应，不愿意面向农村和农民开展技术服务和技能培训，师生服务乡村建设发展的热情不足。以上种种错误的观念造成了部分高职院校缺乏服务乡村振兴人才培养的整体设计和规划，缺乏培养乡村振兴人才的有效举措，从而导致服务乡村振兴人才培养不力。

三、地方高职院校服务乡村振兴人才培养的现实路径
——以眉山职业技术学院为例

眉山职业技术学院是一所由眉山市政府举办、四川省主管的高职院校，其前身之一是成立于 1958 年、拥有 60 多年农业职业教育经验的四川省乐山专区农业学校，其为眉山及其周边地区农业农村人才培养做出了突出的贡献。眉山

职业技术学院建校以来，始终将服务"三农"作为重要使命，不断巩固和提升农学专业的优势，在农业人才培养、农业科技创新、新型职业农民培育、农业产业扶贫、农村社会服务等方面取得了显著的成绩，探索出了一条地方高职院校服务乡村振兴人才培养的新路径。

（一）更新理念，完善乡村振兴人才培养机制

实施乡村振兴战略是解决人民日益增长的美好生活需要和不平衡不充分的发展之间矛盾的必然要求，是实现"两个一百年"奋斗目标的必然要求，是实现全体人民共同富裕的必然要求。地方高职院校应进一步深化对实施乡村振兴战略重要性和必要性的认识，提高服务乡村振兴战略的自觉性和主动性，把思想和行动统一到党中央和各级党委政府乡村振兴战略的决策部署上来，以培养乡村振兴高素质技术技能人才为重点，进一步加强顶层设计，完善制度措施，把服务乡村振兴人才培养融入学校专业建设、队伍建设、教学改革、科学研究、社会服务等工作中去，构建服务乡村振兴人才培养长效机制。近年来，在"农"字头类的专业招生困难、涉农专业萎缩的社会大环境下，眉山职业技术学院从讲政治的高度，坚持服务乡村振兴不动摇，提出做强做特农业类专业，服务乡村振兴人才培养的办学思路，并在大力围绕培养乡村振兴人才加强专业内涵建设的基础上，成功增挂了以农业类专业为主干的眉山技师学院，建成了四川省现代农业技术培训基地、四川省新型职业农民培育示范基地等平台，使培养乡村振兴人才的能力不断提高。

（二）落实举措，探索招生就业新模式

李克强总理在2019年的《政府工作报告》中指出，改革完善高职院校考试招生办法，鼓励更多应届高中毕业生和退役军人、下岗职工、农民工等报考，2019年大规模扩招100万人。招生人数的新任务和招收对象的新类型为地方高职院校服务乡村振兴人才培养提供了新路径，提出了新要求。地方高职院校一

方面应该深化招生录取模式改革，进一步完善单独招生制度，根据生源特点和类型，对农业农村技术人才在入学评价、录取标准等方面制定不同政策，可免予文化素质考试，采取单独组织相关的职业适应性测试或职业技能测试等方式择优录取；另一方面应围绕乡村振兴战略，加强就业指导与服务，培养学生扎根基层服务"三农"意识，大力倡导学生返乡就业、创业，支持和鼓励学生报考大学生村官和乡村公务员、事业单位，让一批优秀的大学毕业生成为乡村振兴的中流砥柱。近年来，眉山职业技术学院将招生就业模式改革作为培养乡村振兴人才的重要撬杠，不断优化"文化素质+职业技能"的单独招生考试办法，逐步扩大单独招生比例，学校 2019 年共招收大专新生 2 494 名，其中单独招生 1 664 名，单独招生占比为 66.7%，其中农业技术系单独招生占比更是高达到 88.47%。同时，学校通过常态化开展主题团日、"三下乡"等活动，在实践中培养学生服务乡村振兴的意识。学校一大部分农业类专业毕业生选择回乡创业、就业，已有不少成为当地技术骨干和中坚力量；一部分师范类专业学生也进入眉山的乡村小学、幼儿园顶岗实习或就业，有效解决了当地缺少乡村教师的燃眉之急。

（三）建强专业，夯实乡村振兴人才培养基层基础

专业是高职院校人才培养的载体，其建设水平和绩效决定着学校的人才培养质量和特色。地方高职院校应该在专业设置上紧密结合乡村振兴战略的实际需要，围绕农业产业结构调整，定期调整和优化专业设置。要在大力发展涉农专业的同时，找准切入点，将服务乡村振兴人才培养作为师范、财经商贸、文化旅游、建筑装饰等其他专业建设的重要内容，构建以涉农专业为主体，其他专业协同共育的乡村振兴人才培养专业群，打造专业特色，形成办学优势，实现差别化、个性化发展。长期以来，眉山职业技术学院高度重视发展以培养农村一线技术技能人才为目标的现代农业技术和畜牧兽医等涉农专业，投入大量的人力、物力、财力，高起点筹划、高标准推进、高质量建设，取得了显著的

成绩。现代农业技术专业是省级示范专业，畜牧兽医专业是教育部认定的骨干专业。学校其余专业也将服务乡村振兴人才培养融入专业建设，师范教育系对接农村一线教师培养、商贸旅游系对接乡村旅游和农业电子商务等人才培养、文化艺术系对接乡村文化振兴人才培养、工程技术系对接乡村建设和农业机械化等人才培养，形成了覆盖面广、针对性强、实效性好的乡村振兴人才培养专业群，为培养乡村振兴人才奠定了坚实的基础。

（四）提升质量，创新乡村振兴人才培养模式

人才培养的核心在于质量，评估服务乡村振兴人才培养的成效，关键要看培养的人才是否与农村经济发展相适应，是否能够下得去、用得上、干得好、留得住。地方高职院校应以人才培养模式改革为抓手，以提高人才培养质量为重点，一方面要把服务"三农"、服务乡村振兴人才培养的理念贯穿于学校人才培养全过程，将乡村振兴战略作为大学生思想政治教育的重要内容，融入课堂教学和实习实践，培养大学关注农业、关心农村、关爱农民的情怀，激发大学生投身乡村振兴事业的热忱与积极性；另一方面要深化校企合作，产教融合，针对学生的不同类型和特点，探索现代学徒制、订单式培养、在职教育、带薪培训等培养模式，加大实践教学力度，推动校企共建一批生产性实训基地，鼓励"田间教室"等教学方式，将教育教学、实习实训、创新创业延伸到农村一线，培养真正懂农业、爱农村、爱农民的乡村振兴人才。近年来，眉山职业技术学院以深化教学改革为抓手，全面创新乡村振兴人才培养模式，取得了一定的成效：学校被省委农村工作领导小组列为全省首批新型职业农民实习生试点单位，每年培育新型职业农民实习生50名；农业技术系畜牧兽医专业立项教育部第三批现代学徒制试点；现代农业技术系田间教室模式被四川电视台报道；师范教育系学生教师资格证"国考"过级率居全省同类学校前列。全校毕业生"双证书"过关率达98%，就业率稳定在95%以上，就业与专业相关度高于全国平均水平12个百分点，总体能力满足度高于全国高职院校4个百分点。

（五）搞好服务，全面助力乡村振兴发展

地方高职院校是一个地区人才、智力和技术集聚的高地，要想在服务乡村振兴人才培养中充分发挥自身优势，就要通过社会服务这个"桥梁"来实现。地方高职院校一方面要发挥人才优势，面向农业农村推广各类培训，打造农业区域经济发展所需人才的孵化器；另一方面要发挥智力优势，围绕乡村振兴战略开展科学研究，在政策调研、质量评价、决策咨询、发展规划等方面做好决策咨询，当好参谋助手，再一方面要发挥技术资源优势，积极搭建产学研用平台，做好资源整合、技术推广和技术服务，切实把学校的人才、智力、技术等优势转化为服务乡村振兴人才培养的实践优势。长期以来，眉山职业技术学院将服务"三农"作为学院的重要使命，牵头组建东坡味道食品产业学院和烹饪学院，打造了从田间地头到餐桌的全产业链；连续三年与政府联合举办"一优两高"生产竞赛，推动地区亩产量创新高；与行业企业合作，成功打造出丹棱"不知火"柑橘品牌，成功选育出"宜香优800"杂交水稻新品种和"眉红脐橙"水果新品种，推广面积达百万亩（1 亩 ≈ 666.67 平方米）；广泛开展农技人员知识更新培训、新型职业农民培训、农村技术人员培训和贫困村农技知识培训等，培训培养乡村振兴人才超过 5 000 人。

四、结论

目前，我国农村发展不平衡、不充分的问题依然严峻，乡村振兴任务依然艰巨。培养乡村振兴人才使命重大，地方高职院校要进一步提高政治站位，牢固树立服务乡村振兴人才培养的发展意识，围绕立德树人根本任务，结合区域农业发展，在改革招生就业制度、提高人才培养质量、增强社会服务能力等方面下功夫、做文章，着力培养热爱农业农村工作、适应现代农业发展又契合区域产业特点的高技术技能型人才，实现服务乡村振兴与推动学校高质量发展双融合、同促进。

参考文献

陈建中，胡建芳，肖宁月，2019. 农业高职院校服务乡村振兴战略的路径探索与实践：以山西运城农业职业技术学院为例 [J]. 三门峡职业技术学院学报，2：42-46.

封清，宋帅，王一帆，2018. 高职院校"精准"参与精准扶贫乡村振兴战略的研究：以贵州城市职业学院为例 [J]. 现代商贸工业，28：65-67.

林夕宝，余景波，周鹏，2019. 乡村振兴战略背景下的高职院校人才培养探讨 [J]. 高等职业教育探索，3：19-24.

高职畜牧兽医专业"1+X" 证书制度探索与思考

——以眉山职业技术学院为例

黄文清

摘 要 ·····

《国家职业教育改革实施方案》明确提出从 2019 年开始,在职业院校、应用型本科高校启动"1+X"证书制度试点工作,同时指出院校是"1+X"证书制度试点的实施主体。"1+X"证书制度作为《国家职业教育改革实施方案》的重要内容,是新时期职业教育改革的重要制度创新与设计,它将学历证书与职业技能等级证书相互融通,给职业教育发展及其人才培养模式、考评模式等带来了重大革新。眉山职业技术学院已经被教育部列为首批"1+X"证书制度试点院校,在高职院校畜牧兽医专业如何开展试点、试点的方法和途径是什么、如何确定"1+X"中的"X"等都是试点院校亟待解决的问题。

关键词 ·····

高职院校;畜牧兽医;"1+X"证书制度探索

职业教育与普通教育是两种不同的教育类型，具有同等重要的地位。改革开放以来，职业教育为我国经济社会发展提供了有力的人才和智力支撑。如今，现代职业教育体系框架已全面建成，服务经济社会发展的能力和社会吸引力不断增强，具备了基本实现现代化教学的诸多有利条件和良好工作基础。随着我国进入新的发展阶段，产业升级和经济结构调整不断加快，各行各业对技术技能人才的需求越来越迫切，职业教育的重要地位和作用越来越凸显，但应届大学毕业生所具备的职业技能和综合素质还不能适应行业的需求和多元化就业的需要。

一、高职畜牧兽医专业实施"1+X"证书制度的必要性

（一）实施"1+X"证书制度是对《国家职业教育改革实施方案》的贯彻落实

2019年，国务院印发了《国家职业教育改革实施方案》（以下简称《方案》），其中明确了从2019年开始，在职业院校、应用型本科高校启动"学历

证书+若干职业技能等级证书"制度试点（以下称"'1+X'证书制度试点"）
工作。《方案》还提出，到 2022 年，职业院校教学条件基本达标，一大批普通
本科高等学校向应用型转变；建设 50 所高水平高等职业学校和 150 个骨干专业
（群）；建成覆盖大部分行业领域、具有国际先进水平的中国职业教育标准体
系；企业参与职业教育的积极性有较大提升，培育数以万计的产教融合型企业，
打造一批优秀职业教育培训评价组织，推动建设 300 个具有辐射引领作用的高
水平专业化产教融合实训基地；职业院校实践性教学课时原则上占总课时一半
以上，顶岗实习时间一般为 6 个月；"双师型"教师（同时具备理论教学和实
践教学能力的教师）占专业课教师总数超过一半，分专业建设一批国家级职业
教育教师教学创新团队。

（二）实施"1+X"证书制度是对《职业技能提升行动方案（2019—2021 年）》的贯彻落实

2019 年，国务院办公厅印发《职业技能提升行动方案（2019—2021 年）》
（以下简称《方案》）。《方案》提出目标："2019 年至 2021 年，持续开展职业
技能提升行动，提高培训针对性实效性，全面提升劳动者职业技能水平和就业
创业能力。三年共开展各类补贴性职业技能培训 5 000 万人次以上，其中 2019
年培训 1 500 万人次以上；经过努力，到 2021 年底技能劳动者占就业人员总量
的比例达到 25%以上，高技能人才占技能劳动者的比例达到 30%以上。"

同时《方案》还明确指出在院校启动的"1+X"证书制度试点工作，按
《国家职业教育改革实施方案》中的规定执行；在核定职业院校绩效工资总量
时，可向承担职业技能培训工作的单位倾斜；允许职业院校将一定比例的培训
收入纳入学校公用经费，学校培训工作量可按一定比例折算成全日制学生培养
工作量；职业院校在内部分配时，应向承担职业技能培训工作的一线教师倾斜，
保障其合理待遇。

（三）实施"1+X"证书制度是行业发展的需要

随着现代畜牧业的发展，规模化、集约化、智能化的养殖场越来越多，涉及的知识和技术不只限于传统的畜牧兽医专业。养殖企业要在竞争中占有优势，就必须拥有一批掌握先进生产技术和具备突出管理能力的优秀人才。为了提高工作效率，降低生产成本、管理成本，现代畜牧业的发展需要更多一专多能的一线员工。因此畜牧兽医专业的学生除了要掌握饲养技术、繁育技术、饲料加工技术、饲料检化验技术、动物疾病防治技术，还要掌握智能化设备的操作和维护、计算机应用、现代物流等方面的知识。随着畜牧产业链的延伸，企业还会对人才的能力提出更多要求，比如畜禽产品加工、新产品研发、市场开拓、电子商务等。企业渴望职业院校实施"1+X"证书制度。

（四）实施"1+X"证书制度是学生提升技能水平、拓宽就业渠道、
　　　　提升就业竞争力的需要

近几年，受全球经济发展速度减缓，我国产业升级和供给侧结构调整，以及高校毕业生人数不断攀升的影响，就业压力越来越大。用人单位对人才的要求，特别是技能人才的要求越来越高。高职院校实施"1+X"证书制度，将学历教育和职业教育有机统一起来，达到学校和社会共同认可的职业教育标准，既满足了学生学历教育的要求，又提升了学生的职业能力。学生毕业时，除了学历证书外，还拥有1个或几个职业技能等级证书，这使学生在激烈的就业竞争中，具有更多的择业和就业机会，从而提高了学生的就业竞争力和就业质量，同时也为毕业生创业奠定了基础。

（五）实施"1+X"证书制度是眉山职业技术学院自身发展的实际需要

四川省委已经将眉山市列为环成都经济圈开放发展示范市，眉山市委做出了"建设环成都经济圈开放发展示范市，全面推动眉山高质量发展"的重大决定。近年来，落户眉山的世界500强企业数量居全省第二位，仅次于成都。世

界 500 强企业亚马逊在眉山建立了电商运营中心；陶氏化学、中国首个能源互联网"硅谷"加州智慧小镇、西部唯一的尤文图斯足球学院培训中心、信利国际高端显示项目、乐高乐园、联想叠云创新科技园、中法农业科技园、法国太阳季度假乐园等优质项目已经落户眉山。眉山社会经济的快速发展，亟须大量应用型人才。

2019 年，眉山职业技术学院被教育部列为首批"1+X"证书制度试点院校。作为眉山市人民政府主办的唯一地方公办院校和省级示范院校，眉山职业技术学院担负着引领四川省职业教育，特别是眉山职业教育改革与发展的责任，为眉山社会经济发展培养更多紧缺技能人才，服务眉山经济发展，是眉山职业技术学院的职责和使命所在，也是其职业教育自身发展的实际需要。

二、眉山职业技术学院畜牧兽医专业"1+X"证书制度的探索

（一）针对行业需求，将"1+X"证书制度融入人才培养方案

眉山职业技术学院每年组织专业团队，深入省内饲料企业、养殖企业、食品加工企业，针对现代养殖技术、饲料生产技术、动物疫病防治技术等岗位对人才及其能力的需求，进行充分调研，根据生产一线实际需要的知识和技能修改课程体系和课程内容，将岗位能力培养融入课程。同时，学院广泛收集往届毕业生对学校教育的反馈意见，将意见梳理后融入人才培养方案和教学计划的修改中。学院还每年定期召开行业专家、企业技术骨干、专业教师参与的人才培养方案研讨会，共同修订人才培养方案，将"1+X"证书制度融入人才培养方案（图 1）。

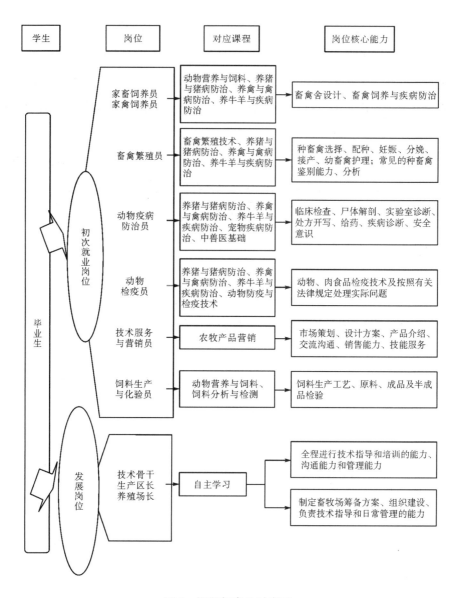

图1　课程与岗位对应图

（二）针对岗位能力要求修订教学内容，实施课证融通

眉山职业技术学院针对生产一线对畜牧兽医人员的能力和素质的要求，结

合调研结果及专家提出的意见，不断修改、补充、完善教学内容，积极推进专业与产业对接，教学与生产对接，能力与证书对接；积极动员和鼓励学生参与"1+X"证书试点工作，根据畜牧专业就业的具体岗位，制定1~3项"1+X"证书培养方案，供学生选择；同时将职业技能等级证书考核评价的要求及标准融入相关课程的教学中（表1），将学生考取职业技能等级证书与课程学习成绩挂钩，既保证"1+X"中"1"的质量，又拓展"1+X"中"X"的能力。

表1　职业技能等级证书与其对应课程

序号	职业技能等级证书（X）	对应的课程
1	动物检疫检验员	养猪与猪病防治、养禽与禽病防治、养牛羊与牛羊疾病防治、动物防疫与检疫技术
2	动物疫病防治员	养猪与猪病防治、养禽与禽病防治、养牛羊与牛羊疾病防治、宠物疾病防治，中兽医基础
3	家畜饲养工	动物营养与饲料、养猪与猪病防治、养禽与禽病防治、养牛羊与牛羊疾病防治
4	家畜繁殖员	畜禽繁育技术、养猪与猪病防治、养禽与禽病防治、养牛羊与牛羊疾病防治、动物防疫与检疫技术

我校畜牧兽医专业从2019年开始积极推进"1+X"证书制度，2018—2019年学生双证书获取率分别达到98%和100%（表2），极大提升了毕业生的就业率。近两年畜牧兽医就业率均在95%以上，其中专业对口就业率达90%以上，自主创业的比例也在逐年增加。

表 2 2018—2019 年畜牧兽医专业毕业生获"双证书"情况统计表

序号	年度	专业	专业代码	毕业生人数（人）	资格证书名称	职业鉴定工种	等级	主考单位（发证机关）	获证人数（人）	"双证书"获取率（%）
1	2018	畜牧兽医	510301	131	职业资格证书	动物检疫检验员	高级	农业部人事劳动司	65	98
						家畜饲养员	高级	农业部人事劳动司	3	
						兽医化验员	高级	农业部人事劳动司	20	
						饲料检验化验员	高级	农业部人事劳动司	12	
						动物疫病防治员	高级	农业部人事劳动司	25	
						食品检验员	高级	农业部人事劳动司	2	
						花卉园艺师	高级	农业部人事劳动司	2	
2	2019	畜牧兽医	510301	135	职业资格证书	动物检疫检验员	高级	农业部人事劳动司	69	100
						家畜繁殖员	高级	农业部人事劳动司	10	
						动物疫病防治员	高级	农业部人事劳动司	54	
						农产品食品检验员	高级	农业部人事劳动司	2	

（三）校企合作，改进教学模式，实施现代学徒制教学

依托眉山职教集团，眉山职业技术学院组建了由行业专家、学校和20多家企业参与的农业产教联盟和专业指导委员会，广泛开展校企合作，在畜牧兽医专业中实施现代学徒制教学。校企双方就人才培养、课程建设、技能训练、学生实习实训、招生就业等签订了合作协议，明确了各自的责任和义务，初步形成了校企合作制管理运行机制。校、企、学徒按照双向选择原则签订三方协议，明确三方责任，实现人才共育。

学院通过与合作企业进行充分沟通和协商，针对不同企业和不同职业岗位，确定由校企专业带头人、学校骨干教师及企业专家、技术骨干等共同设计符合企业职业素养和岗位技能要求的人才培养方案、专业教学标准、岗位标准、企业师傅标准、课程标准、人才培养质量标准等，并按标准实施项目化教学。

学院还实施双导师制，即参与现代学徒制试点的学生通过企业与学校、师傅与学徒间的双向选择，确定意向企业和师傅，再由学校专业教师、企业技术人员共同指导学生，完成专业知识和专业技能的培训和考核。通过现代学徒制教学，学生能够真正参与企业的生产过程，体验企业文化和学校文化的异同，其责任意识、团队精神、职业素养、自我判断能力明显增强。学生通过亲临现场接受职业指导、职业训练，能够了解与未来职业有关的各种信息，并提高其社会适应能力和就业竞争力，为未来择业就业打下坚实的基础。近年来，畜牧兽医专业学生就业率已达95%。

（四）引入第三方评价机制，改变考核方式

眉山职业技术学院建立了以素质为目标、以能力为标准的多元化考核机制，将学生自我评价、教师评价、师傅评价、企业评价、学校评价、社会评价相结合，构建起第三方评价机制，并由行业、学校、企业和社会机构对学生岗位技能进行达标考核和分类、分级考核；同时，由企业和学院共同组成考核小组，

对学生技能掌握情况共同开展技术技能考核工作，并依托职业技能鉴定中心，对学生开展职业技能等级鉴定。

三、存在的问题

（一）国家推行"1+X"试点的专业及领域偏少，无法涵盖高职院校及应用型本科院校专业设置所涉及的领域

国家对职业技能水平认定实施职业资格证书（职业准入类工种）、职业技能等级证书（水平评价类工种）及专项能力考核管理制度。教育部首批启动的职业技能等级"1+X"证书试点只涉及5个领域（表3），眉山职业技术学院畜牧兽医专业涉及的现代农业、畜牧业并未列入试点领域，这不利于"1+X"证书制度的推广和普及。

表3 教育部首批启动的5个职业技能领域"1+X"证书试点

序号	试点领域	证书名称	培训评价组织名称
1	建筑工程技术	建筑信息模型（BIM）职业技能等级证书	廊坊市中科建筑产业化创新研究中心（中国建设教育协会人才评价中心）
2	信息与通信技术	Web前端开发职业技能等级证书	工业和信息化部教育与考试中心
3	物流管理	物流管理职业技能等级证书	北京中物联物流采购培训中心
4	老年服务与管理	老年照护职业技能等级证书	中国社会福利与养老服务协会 北京中福长者文化科技有限公司
5	汽车运用与维修技术	汽车支农和与维修职业技能等级证书 智能新能源汽车职业技能等级证书	北京中车行高新技术有限公司

（二）社会评价组织的建设滞后，数量少，结构不合理

社会评价组织在参与职业技能的考核评价中，引入了第三方评价机制，因此能够公正、客观地评价技能人才的技能水平。但针对国家职业目录中涉及的众多工种（水平评估类），社会评价体系未建立，如社会评价组织的数量、评价标准、评价机制、评价领域、评价质量保障体系、评价组织的考核管理等并没有制度化、规范化，这些将影响"1+X"证书制度的实施。

（三）职业技能等级证书的公信度和认可度低，证书的价值无法充分体现

出现这种问题的原因有三点：一是国家对于职业技能等级证书未明确其应该享受的社会地位及经济待遇，导致广大从业者对职业技能等级证书不重视，对参加培训及认定的积极性不高；二是社会评价组织在进行职业技能等级评价中的权威性、公正性、严肃性不足，评价质量参差不齐，导致职业技能等级证书出现"有证无力（能力）"现象；三是用人单位没有建立唯才是举、唯能所用的用人制度，没有配套相应的激励政策，导致无证者同样可以就业，有证者待遇无法体现或体现甚微，因此无法调动从业者获取证书的积极性。

（四）在实施过程中，还不能完全做到"1+X"的有机统一

在学历教育中，既有知识的传授，也有技能的提升。"X"证书的认定也包含了对知识和技能水平的测试。由于学生所学专业不同，就业具有不确定性和多元性，这就要求在教学中必须考虑知识的广度以及通用技能。而"X"证书主要针对学生的兴趣爱好、就业及创业意向，侧重在专业知识和技能的基础上进行专项能力提升，具有个体差异性。鉴于师资、设备、经费、场地、学生选择"X"证书的多样性等因素，"1+X"证书试点很难满足学生"X"证书多样化的要求，不能完全做到"1"和"X"的有机统一。

四、思考及建议

（一）尽快完善"1+X"试点相关制度，增加试点工种及领域

国家推行"1+X"试点的专业及领域偏少，无法涵盖高职院校及应用型本科院校专业设置所涉及的领域，应尽快将"1+X"试点迅速延伸到现代信息技术、现代服务业、现代农业技术、新兴产业等领域，以便培养更多技术技能型人才，满足我国社会和经济发展的需要。

（二）搭建社会评价组织架构，构建社会评价体系

制定社会评价组织的遴选与评定标准、申报及评定程序，完善管理制度和激励机制，充分调动社会培训机构、大中型企业，特别是国有企业参与社会评价工作的积极性。以省为单位、省属及中央国有企业为重点，组建一批高质量的社会评价组织；同时建立国家统筹、分级管理、独立评价、协调运行的社会评价体系。

（三）严把社会评价质量，提升职业技能等级证书的公信力和权威性

建立"1+X"证书质量监督制度，由国家、省、市主管部门相关机构对社会评价组织开展的评价工作实施全过程、全方位的督导，确保评价的严肃性、权威性、科学性、公正性，不断提升职业技能等级证书的公信力和"含金量"。

同时制定相应的激励政策，从国家层面出台相应的政策，取得职业技能等级证书者，根据证书等级，享受一定的福利优惠，从而激发高校毕业生参与"1+X"证书制度试点的积极性。

（四）深化教育教学改革，持续推进"1+X"证书制度，提升毕业生综合素质和技能水平

在现有校企合作、工学结合以及现代学徒制教学模式的基础上，以"1+X"

证书制度试点为契机，在学历教育中，根据学生就业愿望、职业生涯发展规划以及学生自身优势，实施学历教育整体推进和"X"证书分类，即将与专业相近的职业技能等级证书的内容融入相应课程的教学和实习实训中，将与专业相关性不大和不相关的职业技能等级证书的培养列入学生素质拓展的教学内容中，根据职业技能等级证书考核的内容，制订专门的培养计划，单独训练，单独培养。

参考文献

程舒通，2019.1+X 证书制度试点工作：诉求、解析与误区的防范 [J]. 教育与职业，15：19-24.

蒋代波，2019. 职业教育 1+X 证书制度：时代背景、制度功能与落地策略 [J]. 职业技术教育，12：13-17.

刘炜杰，2019.1+X 证书制度下职业教育的课程改革研究 [J]. 职教论坛，7：47-53.

史洪波，2019. 职业教育 1+X 证书制度的背景、意蕴与实践：基于教育筛选理论的视角 [J]. 教育与职业，15：13-18.

孙善学，2019. 对 1+X 证书制度的几点认识 [J]. 中国职业技术教育，7：72-76.

王兴，王丹霞，2019.1+X 证书制度的若干关键问题研究 [J]. 职业技术教育，12：7-12.

赵幸亚，2020. 高职院校实施"1+X"证书制度改革的探索 [J]. 科技风，15：258.

一流专业建设背景下师范生职业技能训练模式的改革与实践

——以眉山职业技术学院小学教育专业为例

胡小波

摘　要··

教师职业技能是教师职业素养的外在表现形式，是高校师范生取得教师资格证书的必测内容，也是教师职业发展的基础，教育部印发的《普通高等学校师范类专业认证实施办法（暂行）》对师范生职业技能有相关的要求，因此，师范生职业技能训练对高校师范生十分重要。本文从一流专业建设的需要和师范专业认证的标准要求出发，以眉山职业技术学院小学教育专业为研究范例，分析专科层次师范生教师职业技能训练现状及存在问题，阐述通过改革实践探索师范生教师职业技能训练新模式的具体做法。

关键词··

师范生；职业技能训练；训练模式；探索实践

教师职业技能是教师岗位的必备技能，是教师业务素质的重要组成部分。提高教师职业技能是师范专业人才培养和教学计划的重要环节，直接影响今后教师职业的发展。国家历来重视师范生职业技能训练，为规范训练，原国家教委师范司于 1992 年颁布《高等师范学校学生的教师职业技能训练基本要求（试行）》、1994 年颁布《高等师范学校学生的教师职业技能训练大纲（试行）》等文件，从制度层面将普通话和教师口语表达、书写规范汉字和书面表达、教学工作、班主任工作四部分技能纳入高校师范专业教师职业技能训练内容，并明确其是师范专业学生必修的内容。为提高教师入职门槛，我国 2015 年开始试点教师资格"省考"，并于 2017 年在全国各地全面推行"国考"，"国考"面试内容涉及言语表达、教学实施等职业技能。2017 年教育部印发《普通高等学校师范类专业认证实施办法（暂行）》，旨在建设一流师范专业，推行师范类专业认证，要求学生发展、合作实践、保障条件等一级指标均涉及师范生技能训练方面的建设。专业认证在规范高校师范类专业办学层面进行了制度安排，为建设师范类一流专业提供了标准。基于以上背景，各高校师范类专业都在不断加强对师范生职业技能训练模式的改革，探索适应新形势、新要求的师范生职业训练新模式。本文以技能训练模式改革为切入点，以眉山职业技术学院小学教育专业训练模式改革为范例，探索可示范、可借鉴的高校师范生职业技能训练新模式。

一、师范生教师职业技能训练改革之前存在的问题

（一）专业技能课程设置不合理，专业实践内容少，训练目标不明确

培养合格的教师是高校师范专业人才培养的目标。笔者查阅了师范专业相关政策和文件，分析研究了眉山职业技术学院小学教育专业的人才培养方案、技能训练等材料，总结出以下几个方面的问题。

在专业课程体系方面，改革前，专业课程有公共基础课、专业基础课、专业选修课等，课程内容主要为理论、实践以及理实一体化；技能教学和训练内容大多包括在教师教育课程中，但所占课时相对较少。比如：专业教师教育课程开设有教育学、心理学、课程与教学论等必修课程，这些课程重理论轻实践，不能完全满足师范生对于职业技能培养的要求。

在训练组织方面，改革前，没有制定系统完善的技能训练方案，训练组织安排不合理。比如：虽设置了微格教学、教学设计等专项实践训练，但实践训练内容单一，目标不明确，且这些训练大多包含在相关课程内，时间安排短，课内训练很少，课外训练更少；且受师资不足的影响，这些课程大都由高校教师讲授，校外一线有经验的小学教师参与指导较少。

在训练条件保障方面，改革前，专业办学规模较大，训练条件建设迟缓，不能满足训练需要。

在训练体系方面，众所周知，职业技能的形成是一个循序渐进的过程，需要经过反复训练、反馈、再练习。改革前，专业理论学习和实践运用相对分离，校内教学内容与一线小学联系不紧密，虽安排有校外实践，但时间短、内容多，

落实不到位。比如：过去大一新生无校外集中实践安排，实践集中安排在大二、大三年级，且每学期一次，时间较短，实践安排缺乏系统性。

总之，改革前专业培养目标和课程体系实践性理念不突出，训练目标不明确，总体以理论学习为主。

（二）学生对技能训练重视不够，投入训练时间少，自主训练不到位

为全面了解学生对职业技能的理解，笔者通过问卷调研方式对实施改革前的在校学生进行了调查分析，通过研究反馈信息发现以下问题。

一是有的学生在思想上有认识，行动却不落实。91%的学生表示意识到职业技能对其成长和发展的重要性，也明白要通过训练提高技能；85%的学生表示不了解训练具体内容，不清楚具体要求；80%的学生表示参与训练内生动力不足。究其原因，改革前国家未实施教师资格证全国统一考试，师范生毕业时完成规定学习任务，无须参加相关教师资格考试，即可取得教师资格证。

二是学生认为技能训练内容单一。改革前，86%的学生表示不会主动投入技能训练，其参与技能训练时抱着"考什么练什么，考不过才练习"的心态。同时，专业技能训练项目单一，主要限于普通话与口语表达训练，以及针对今后教师公招考试相关的教学设计和微格教学训练。这是因为取得教师资格证的前提条件是考取普通话证书，所以学生对普通话训练的积极性较高，而班主任工作、教育教学研究、三笔字、简笔画等技能训练仅为平时课内教学训练，课外未安排。

（三）技能训练组织管理不规范，训练指导不到位，考核体系不健全

有效的组织管理是开展师范生职业技能训练的组织保障。改革前，虽有技能训练工作小组，但训练组织松散，缺乏系统联动和整体性安排，未建立考核评价机制；专业学生技能训练包含在相关课程内，主要由校内任课教师负责组织安排，以课内指导为主，但由于技能训练指导教师对一线基础教育接触少，

加之理论课教学任务重，且缺乏制度约束机制以及激励机制等，教师主动指导技能训练的积极性不高；职业技能的重要性在专业人才培养方案中未得到体现，技能训练项目没有单独计算相应的学分，项目训练检测标准不规范等；专业未建立科学、有效的训练指导方法和考核测评体系，专业组织的学生职业技能比赛项目单一，相关竞赛活动开展较少，未建立相应的技能比赛制度，对学生技能检测评价结果运用不充分。

可以看出，专兼结合的专业师资团队是开展师范生职业技能训练的师资保障；健全的技能训练考核体系是开展师范生职业技术训练的制度保障。

二、对标一流进行学生技能训练模式改革与实践

眉山职业技术学院根据师范生职业技能专业性、实践性、连续性、系统性、操作性等特点，聚焦师范生技能训练改革前存在的诸多问题，以《小学教师专业标准（试行）》和《普通高等学校师范类专业认证实施办法（暂行）》等文件对职业技能的相关要求为改革依据，以建设一流专业为目标，以眉山职业技术学院小学教育专业为研究范例，反思师范生职业技能训练存在的问题，从加强组织管理、重构训练内容、加强资源建设、改革训练模式、完善考核评价五个方面进行改革和实践，不断提升师范生专业职业技能水平。

（一）加强组织管理

加强师范生职业技能训练，首先要提高师范生的思想认识，突出师范生职业技能的核心地位，建立上下联动、职责明晰、协调推进的技能训练组织体系。

改革后，小学教育专业改变过去由任课教师单一负责组织训练的方式，建立学校、系部、专业、指导教师四级联动、职责明晰的技能训练组织管理制度。其中，学校负责保障训练条件、保障师资、审定相关文件等；系部负责审定训练方案、考核方案、组织开展抽检、开展技能比赛等；专业负责设置技能课程、

制订技能训练方案、遴选训练指导教师、组织实施训练并进行全程过程监控等；指导教师根据专业学科，分技能项目进行"课内+课外"的训练技能，并由"专业教师+辅导员"负责协调组织实施。

改革后，学校层面适当缩减专业招生规模，加大经费投入改善训练条件，与小学搭建协同育人平台，建立优质实践训练基地，提供校外课堂观察与评价、班主任工作技能情景模拟、班队活动组织等技能训练条件，出台技能考核制度，为技能考核过的学生颁发师范生职业技能合格证书；系部层面定期开展训练工作研讨会，完善考核激励机制，将学生参与训练成效纳入成绩考核和学生德育量化考核，将教师参与技能训练指导工作纳入教师综合绩效考核，以推动训练工作开展；专业层面根据课程学习先后，分步分项组织安排序列职业技能训练；指导教师层面根据技能训练需要，优化指导教师团队，抱团研讨训练方案，细化训练实施细则，常态化组织开展技能练习和指导点评。

通过以上改革，实现技能训练组织工作的规范化、制度化。

（二）重构训练内容

眉山职业技术学院小学教育专业对标《小学教师专业标准》《职业技术师范教育专业认证标准》《高等师范学校学生的教师职业技能训练大纲（试行）》等相关要求，围绕教师专业化发展，重构了师范生职业技能训练内容。

改革后，小学教育专业联合校内、校外专家开展职业技能训练研讨，调整和优化课程设置，将创新基本技能、核心技能及序列训练纳入专业人才培养方案，将教师职业技能划分为通用基本技能、教学技能、教育技能、教育教学研究技能四大板块。其中，教师通用基本技能包括书写（三笔字）技能、普通话与教师口语表达技能、教学简笔画技能、多媒体课件制作技能等；教学技能包括教师设计技能、教学实施（微型课、常态课、说课）技能、教学评价技能等；教育技能分为班级管理及班队活动组织工作技能、教育整合技能、品德教育技能、群体及个体教育技能等；教育教学研究技能包括教育研究基本技能、研究反思及研究总结撰写技能等。

眉山职业技术学院小学教育专业在这四大板块的基础上，结合学生认知规律，合理安排训练内容：大一阶段主要训练内容为教师基本技能、班级管理和班队活动组织技能；大二阶段主要训练内容为教学技能和教育技能；大三阶段训练教学技能、教育技能和教学研究技能。四个板块的内容相互衔接，各年级都有训练的主体内容，使技能训练贯穿于学生学习的各个阶段。

（三）加强资源建设

眉山职业技术学院聚焦技能训练项目，不断加强小学教育专业的技能训练资源建设。

改革后，一是完善硬件实训资源。学校加强技能训练条件资源建设，基本满足技能训练需要的实训条件。比如：新建书法实训室、美术实训室，改建微格教室等技能训练场所，开放普通话与教师口语训练室等，为每名师范生配备书写小黑板等实训资源。二是开发校本教材。学校依托专业师资，完善"四大板块"学生职业技能训练大纲、训练指导手册等。比如：编写《书写》《教师口语》《阅读与协助》《教学设计指导手册》《教师资格考试面试指导书》等技能训练教材。三是充实技能训练资源。学校以"一师两做"教改行动计划为契机，制定技能课程标准，建立课程资源库（试题库、视频资源等），联合实践基地小学，收集教学设计案例、班主任工作案例，聘请一线校外教师担任技能训练指导教师。比如：联合一线小学教师开展在线开放技能课程资源的建设，利用"对口班""跟师学艺""板块教学"等校外实践机会，实景训练相关技能，并收集训练优质资源。

（四）改革训练模式

小学教育专业对标一流专业建设需要，改革技能训练模式。

改革后，专业技能训练以"目标明确、学生主体、教师主导、自主为主、互助训练、分项推进、过程保障"为总体思路，积极开展学生职业技能训练模式改革和实践。

在训练过程中，首先要明确目标，激发动力。新生入学即明确职业技能训练目标、内容和要求，让学生明白要练什么、什么时候练、什么时候检测；学生入学后，学校通过"正向教育引导、反向制度倒逼"的制度设计，激发学生提升职业技能的内生动力，让学生在思想上重视，行动上参与。其次要严格标准，按标训练。按照技能训练标准和要求，带领学生开展自主训练。再次要以学生为主体、教师为主导。按照"一技能一训练部，一训练部一团队"的原则，组建各专项技能训练部。学生以课内集中训练、课外分组自主练习为主，施行技能训练"天天练，日日展，周周评"的全过程监控模式。教师采取日常课程和专门训练相结合的模式，通过课堂教学、情景教学、案例教学、课堂观摩、校内外结合等手段开展训练指导。最后要进行互助训练使团队进步。以训练部为载体，通过"高年级带低年级，优秀者带团队"的合作学习模式，开展技能训练。同时，建立技能进步激励和考核奖励机制，激励共同进步。另外，还要通过分项推进从而对过程进行保障。专业学期训练安排有重点，采取小组互评，统一组织教师检查的方式保障训练；通过开展优秀技能比赛和展示活动等来保障训练工作有效有质开展。

（五）完善考核评价

依据《高等师范学校学生的职业技能训练大纲（试行）》，对标师范专业认证标准和一流专业建设，建立科学、规范的考核评价机制是师范生职业技能训练顺利实施的有效保障。

改革后，小学教育专业在探索和实践师范生技能训练模式的基础上，建立了具有示范性、借鉴性、可操作性的科学规范的职业技能训练考核体系。一是科学制定评价标准，建立技能提升档案。该专业对标制定各技能达标检测标准，实施对标评价，建立以学生职业技能合格证书为主的全过程学生技能提升档案。

二是推出多项评价举措，建立多元评价机制。该专业改革技能课程考核方式，部分技能课程的考核形式以"天天展、周周评"为主，以期末终结性考核为辅；部分技能考核实施"考证考试融通"结合，以考证成绩一次认定技能考试成绩，避免重复考试。三是完善考核试题库，建立考核专家库。该专业利用学院"一师两做"教学行动为契机，建立和完善所有技能考核试题库，联合专业实习基地，建立校内、校外技能测试专家库。四是正向激励和反向倒逼并举，合理运用评价结果。该专业将专业核心技能单独计算学分，纳入学生成绩管理，将课程包含的基本技能折算成绩计入相关课程。每学期评定优秀技能生，实施德育量化激励，参与情况纳入德育量化考核。如学生教师职业技能水平检测不合格，则不予参加大三教育教学实习或顶岗支教，而需要重新训练直至检测合格。

三、结论

经过改革和实践，眉山职业技术学院小学教育专业探索出一种对标一流专业建设标准，具有专业特色的师范生职业技能训练模式，为同类院校提供了可借鉴的范例。基于以上模式，该专业学生参加普通话水平测试、教师资格证考试等师范技能考试的过关率高，有力提升了师范生职业技能水平，为师范生今后的职业发展奠定了基础。

参考文献

顾明远，孟繁华，2004. 实现教师专业化的途径 ［J］. 河南教育（基教版），10：1.

黄臻晓，2007. 新课程背景下师范生教学基本技能的培养［J］. 教育探索，
76-77.

刘景世，2006. 新课标下高师院校师范生角色转换的策略［J］. 黑龙江高教
研究，1：64-66

原国家教委师范司，1994. 高等师范院校学生的教师职业技能训练大纲
（试行）［Z］. 北京.

明确活动结构，改善学习效果
——举例讲解和案例教学的操作比较

冯　涛

摘　要

不断优化课堂教学效果是每一位教师的追求。本文试从教学策略、教学操作等方面对举例讲解、案例教学进行比较，期望明确两种教学活动的基本结构与要领，以改善课堂学习的效果。

关键词

举例讲解；案例教学；教学策略；教学操作

2019 年秋季学期，我校"一师两查"常态课课堂教学诊改工作于 9 月 9 日开始，12 月 20 日结束。与春季学期相比，整体教学质量有了明显提升。老师们践行先进的职教理念，精心设计教学，使课堂充满了活力。但同时也暴露出一些问题，如有的教学设计意图与学生实际的学习效果存在较大差距。究其原因，笔者认为有两个主要问题。一是教学操作的目标意识不够强烈，教学活动的设计未紧扣目标要求，对教学活动应达到什么结果，缺乏深刻认识。二是教学方法的运用不够妥当，缺乏一些必要的操作，对操作的要领认识不足。比如，有的教师设计了讨论法，上课却是谈话法，生生互动不明显；有的案例教学成了教师举例讲解；有的任务驱动实则是课堂巩固练习。

　　本文试从教学策略、教学操作等方面对举例讲解、案例教学进行比较，期望明确两种教学活动的基本结构与要领，以改善课堂学习的效果。

一、不同教学策略的比较

（一）理论假设

1. 举例讲解的教学假设：知识是固有的、传递的

讲解是课堂教学最常用的一种教学方法，是教师利用口头语言，配合体态语、板书、多媒体等多种手段对概念、原理进行阐述解释，揭示事物的本质与内在联系，促进学生认知发展的一类教学活动。教师讲解时常常联系实例，分析要点，以起到增强直观性、促进理解的作用。其理论假设是学科专家根据社会需要，甄选的一套有价值、有结构、系统的学科基础知识、基本技能和基本价值体系，通过教师讲解使学生理解、掌握、运用。因此，举例讲解的教学假设是：教学内容是已知的，教师举例分析，引导学生认识。在举例讲解中，教师是传递者，学生是接受者，处于服从地位。

2. 案例教学的教学假设：知识是未知的、生成的

案例教学是教师描述一个具体情境或一个典型事例，引导学生对案例进行阅读、思考、讨论、交流，在探究与互动中增强体验感，初步感知、理解、归纳知识要点，促进学生分析问题、解决问题能力发展的一类教学活动。在一定意义上说，它与讲授法是相对立的。建构主义学习理论可视为案例教学的理论基础。案例创设了一定的社会情境，阅读、思考、讨论、交流等活动形成了一种社会互动，在学生体验、认知基础上初步构建了知识。在案例教学中，教师是设计者、组织者，学生是探究者、学习者，处于主体地位。

（二）教学策略

教学策略是教师为了实现教学目标，依据教与学的实际情况而确定的指导教学活动开展的基本的思想观点和方式方法，它决定了教学活动的总体风格与特色。举例讲解与案例教学在教学策略上是有明显差异的。

1. 举例讲解的教学策略：接受学习与演绎思维

举例讲解是基于奥苏伯尔提出的"有意义接受学习"理论而运用的一种教学方式，而非机械学习。教师举例，可联系经验，理解意义。教师往往先提出某种形式的抽象观念（概念或原理），进行演绎推理，再通过正例或反例进行验证，最后得到结论。从思维角度看，举例讲解是从一般到特殊的演绎推理的过程。教师运用举例讲解的教学方式时，需要考虑学生是否已掌握了成为推理过程起点的概念或原理，以及他们能否通过观察已有经验将现象与概念、原理联系起来。

举例讲解省略了学生的探究与发现，在单位时间里教师可以传递较多的信息，因而效率较高。分析实例是教师分析实例，学生活动受到一定限制，不利于学生分析问题、解决问题能力的培养。因而，举例讲解中，教师要重视学生的参与，并尽可能地多用实例或演示进行论证，以加深学生的理解。

2. 案例教学的教学策略：发现学习与归纳思维

案例教学由来已久，最早可追溯到古希腊时期苏格拉底的"产婆术"。充分调动学生学习的积极性，让学生主动学习，是案例教学的核心。根据教学目的任务的要求，组织学生查阅案例、思考讨论案例、交流分享案例，来达到启示理论和启迪思维的目的。其教学策略是引导学生去"发现"，教师创设案例情境，激发学生探究的兴趣；从案例中诱发问题，达到师生互动、生生互动的效果，并通过多种方式释疑解惑，获得初步认识；再通过教师的总结提升，深化认识。从思维角度看，案例教学是从特殊到一般的归纳推理的过程。采用案例教学组织教学活动，既有发现学习对过程学习的要求，又有一定的接受学习的讲解特点。

案例教学让学生有一定"经历"，它可以重现前人的探究与发现，需要师生相互之间的启发与交流，每个学生都可以表达自己的观点和意见，因而需要较多的教学时间。有的教师把案例教学贯穿于整堂课，实则易流于形式。

二、举例讲解的教学操作

（一）教学准备

1. 准确、完整地表述知识，明确举例讲解的内容

概念的定义是什么？怎样表达原理的内容？教学之前，教师要能准确、完整地表述学生要理解、掌握的知识。有的学生在课后请教授课老师："什么是人生价值？正确的金钱观包括哪些方面的认识？"有的教师回答得比较感性、零散。可以推测，学生可能不易获得清晰、整体的认识。

2. 分解知识要点，确定讲解层次，增强举例讲解的条理性

概念、原理是高度概括的知识，不易理解。有的老师在呈现概念的定义后，再用自己的话复述一遍或举出几个例子就完成了讲解，这样的讲解没有突出概念的内涵；也有的老师似乎解释说明了很多，却没有一个清晰的线索，这样的讲解缺乏条理。解决的办法是对知识进行分析，分解出知识要点，以便课上逐点进行讲解。如果要点较多，教师还要寻找要点之间的联系，形成讲解的层次，避免零散地讲解。

以对学校文化的概念讲解为例。学校文化是指由学校成员在教育、教学、科研、组织和生活的长期活动与发展演变过程中共同创造的，对外具有个性的精神和物质共同体。这个概念内涵可分解为 3 个要点，有多种讲解的顺序。

顺序讲解。①文化是一定区域的人们在长期共同的生活中形成的（这句话起一个先行组织者的作用），学校文化也是如此。讲解要点为"学校文化的形成"。②不同的学校，其人员不同、其共同活动不同，文化就会出现差异。讲解要点为"个性"，可举例。③文化是有共性的，都要通过物质的、精神的形式表现出来。讲解要点为"学校文化的表现"，须举例。

倒序讲解。①以学生在眉山职业技术学院感受到的文化为例，说明学校文化是物质和精神的共同体。②通过比较学生在眉山职业技术学院和原高中所感受到的文化差异，说明要点"个性"。③为什么两所学校的文化会存在差异？通过师生分析来说明要点"学校文化的形成"。

3. 根据学生的认知特点，选择能充分说明知识要点的实例

讲解中教师常用实例（事实和经验）来说明抽象的概念和原理，但并不是所有的例子都适用。实例最好是学生熟悉的、接近生活和实际的，以便于学生理解和产生共鸣。实例必须是典型的，能紧扣知识要点的。教师还要具备合理裁剪例子的能力。同时，教师还可选择一定的反例，加强对比。

（二）教学实施

1. 明确举例讲解的操作程序

讲解在课堂上的典型方式是教师讲、学生听。教师讲解的步骤为：简单导入，展开讲解，结束时总结。而学生以听为主，容易缺乏对课堂的积极参与和主动思考。因此，教师讲解的内容要尽可能地联系学生的实际经验，符合学生的接受能力。教师可以不断地提出问题，自问自解，增强讲解的启发性。

2. 举例讲解时要紧扣知识要点

为什么有的老师结合实例讲解，却无法使学生印象深刻？主要原因在于教师分析实例时没有扣住相应的知识要点。比如，讲解鸟的概念时，老师举例，麻雀、鸡都是鸟。如果有的孩子问，鸡不会飞，怎么会是鸟呢？教师可以这样讲解："大家都看到过鸟。那什么是鸟呢？鸟是有羽毛的动物。麻雀是鸟，因为它有羽毛。鸡虽然不会飞，但它有羽毛，所以是鸟。小狗虽然有毛，但不是羽毛，所以小狗不是鸟。因此有羽毛的动物才是鸟。"

3. 重视总结

展开讲解的环节要求教师逐个要点、逐层含义依次解析，以便充分、完整、准确地揭示概念或原理内涵。在逐个说明要点的基础上，还需要总述其基本要义，以便学生在头脑中形成对知识的整体印象。

三、案例教学的教学操作

（一）教学准备

1. 钻研教材，创编案例

1910 年，案例教学作为一种教学方法在哈佛大学医学院和法学院开始被运用。专家们发现单凭教师的讲述和分析，很难让学生真正地领会和理解许多理论问题，甚至有时教师也难以进行直观、形象的讲解。因此有人结合理论内容，列举法学和医学的实例，向学生提出相关问题，师生共同讨论分析，取得了很好的教学效果。

"案例"是已有的可作为典型事例的案件，与讲解中所举的实例不同，它有特定的要求。案例是真实而复杂的故事情境，它的情节丰富，可能涉及人物、时间、地点、事件等因素，能让学生身临其境、产生共鸣，能直观体现教学内容。案例是典型的事件，它能覆盖概念或原理的主要内容，便于学生进行思维操作。案例是开放的，可以产生多个问题、多种可能性，这些都值得学生探究，学生可以展开发散性思维，进行主动学习。教师要钻研人才培养方案、研读课程标准、反复阅读课文、深入理解概念与原理，根据学生的认知特点，整理、创编出适用于教学的案例。

2. 根据教学目标和学生学习的需要，预设案例呈现与问题分析的具体过程

在实际教学中，有的案例内容过于简单，不能构成生态化情境；有的案例情节与知识要点的匹配度不高，不便于学生发现问题；有的案例设问简单、答案单一，能直接找到答案；有的案例分析与交流过程又过于简短。凡此种种，皆与教师课前的预设不够有关。下面是一则课堂纪律管理的案例教学预设。该案例改编自华东师范大学教育学系周彬老师的《还原真实的"课堂管理"》一文。

教学课题：明确课堂管理的目标

教学目标：明确课堂管理的目标，巩固课堂问题行为的应对策略；能根据课堂管理的目标、课堂问题行为的应对策略评析教师的课堂管理行为，并提出适当的建议；形成课堂管理的"大局"观念，强化学生对师爱的理解。

教学活动设计：

①在一堂语文课上，张老师板书后，转过头来发现前排的学生王武用纸团砸向了后排的李方同学。如果你是张老师，你会怎么做？

②张老师发现王武用纸团砸向李方，生气地让王武站起来，狠狠地批评了他。你是否赞同张老师的做法？为什么？

③张老师批评王武后，让王武坐下接着上课。可让张老师觉得尴尬的事发生了，王武不愿意坐下，而是一声不吭地站着不动。王武为什么不愿意坐下？如果你是张老师，你会怎么做？假设张老师不理会王武，而是继续上课或让王武下课后到办公室反省，等等（学生可能提出的办法），其可能的后果是什么？

④为了避免两人之间的冲突影响到别的同学听课，张老师及时制止王武的违纪行为是非常正确的。当课堂发生学生间的矛盾冲突时，教师应制止谁？制止的理由是什么？如果教师停课去处理纠纷，大约需要多少时间？在这个过程中，全班同学又能做什么？

⑤结合案例，谈谈课堂管理的目标是什么？张老师的做法是否起到了课堂管理的目的？

3. 预设的问题要有利于学生进行思维操作

从案例中提出的问题，犹如船泊停靠岸边所抛的锚，起到定位的作用。如果问题提得简单，学生在案例本身的信息中就可以找到答案，因此很难联系已有知识、经验深入思考。如果问题提得很抽象，不易理解，学生的回答就可能与案例内容联系不大。因此，案例教学中的设问，最好是由具体到抽象的系列问题，重点在"为什么"上，以引导学生进行由具体到抽象的思维操作。同时，这些问题涉及的哪些信息是至关重要的？问题分析的评价标准和细则是什么？教师要心中有数，才能对学生进行及时引导。

（二）教学实施

1. 明确案例教学的操作程序

任何一个教学活动，其结构大体是由开始部分、展开部分、结束部分构成的。案例教学可分为三个环节，即案例的引入、案例的分析和案例的总结归纳。引入环节的主要任务是引起学生注意，激发学生的积极性；分析讨论环节是学生通过参与、互动，锻炼分析问题、解决问题的能力；总结归纳环节是教师指导学生深入理解、形成知识结构的过程。

2. 扮演好师生角色

案例教学以案论理，分析、探究活动的主体是学生，学生通过独立思考，提出多元的、有创见的看法，来感受、认识原理。教师的角色是组织者、引导者，组织学生尽可能多地参与讨论，引导学生尽可能深地思考问题。

3. 提升学生的认知

在分析案例初步提炼出知识要点后，有的教师简要说明几句就完成了新知的教学，进入下一环节。此时，学生的认知应还有较大的提升空间。笔者认为总结归纳环节，既是案例教学的结束环节，也是新知讲解的环节，其任务要求是懂、透、化。"懂"是进一步理解概念、原理的含义，知其然，明白"是什么"。"透"是引导学生更透彻、更深刻地理解"为什么"，知其所以然，提高学生认知的深度。"化"是逐渐内化、融化，联系现实，触类旁通，举一反三，提高学生认知的广度。

（三）在不同教学结构中的案例分析

1. 案例分析+新知讲解

在新知讲解前的案例分析，"案例"作为实例，起到联系实际、理解理论的作用；"分析"是学生探究新知的学习方式，学生通过分析解答问题来初步感知、形成知识要点。从教学方法的角度来看，此时的案例分析属于案例教学法，要遵循的基本教学原则是理论联系实际原则。

2. 新知讲解+案例分析

在新知讲解后的案例分析，"案例"作为运用知识的新情境，"分析"是学生巩固、练习的学习方式，学生通过分析解答问题来巩固知识、实现迁移。从教学方法的角度来看，此时的案例分析属于练习法，要遵循的基本教学原则是巩固性原则。

四、结论

举例讲解以"有意义接受学习"理论为基础，其教学效果更多依赖于教师的语言素养，调动学生主动听的积极性是其关键。案例教学以建构主义学习理论为基础，互动与生成是影响教学效果的主要因素。不断优化课堂教学效果是每一位教师的追求，在启发性教学思想的指导下，明确举例讲解、案例教学的教学操作，有利于教师合理运用教学方法，帮助学生获得更好的学习效果。

参 考 文 献

周小山，严先元，2003. 新课程的教学策略与方法. 成都：四川大学出版社.

周彬. 还原真实的"课堂管理"［EB/OL］.（2019-12-15）［2020-03-10］.
http：//chwww67. blog. sohu. com/139631937. html.

叶荣. 案例教学概论［EB/OL］. ［2020-03-20］. https：//www. docin.

com/p－403840711. html.

纪方，等. 教师课堂教学技能的自我提升［EB/OL］. （2020－02－04）［2020－03－25］. https：//www. icourse163. org/course/icourse－1002419002.

现代职教理念在"教师口语"课程教学中的运用

——以眉山职业技术学院小学教育专业为例

刘　莉　刘　成

摘　要 ···

　　本文从以下几个方面就现代职业教育理念在"教师口语"课程中的应用作了初步的探索和思考：以职业需求为方向优化课程内容；以学生为主体，教师为主导，以信息化教学为手段，翻转新课堂创新教学模式；以训练为主线创新教学方式，以能力为本位完善评价体系，试图为有效达到学科教学目标、培养具有扎实教师职业口语能力的小学教师贡献学科力量。

关键词 ···

　　信息化；教师口语；现代职教理念；课程内容；教学模式；教学方式；评价体系

一、研究综述与特点

经对关于"教师口语"课程改革相关研究文献进行梳理发现，现有研究主要集中在以下四个方面。第一，明确"教师口语"独立课程的性质定位，理清"普通话"与"教师口语"两门课程之间的关系。"教师口语"课程不再是"普通话"的附属课程，而是与"普通话"具有承接关系的后续课程，具有明确的课程目标，即培养学生掌握教师职业口语表达技能。第二，在语文新课程标准下，结合基础教育新课程改革理念对高校"教师口语"课程的教学中存在的问题进行梳理，并提出变革策略。第三，各研究者以所在学校为例，结合课程建设和课程教学中出现的问题，就课程设置、教材选用、师资队伍建设、教学内容设置、教学方式、考核评价等方面提出相对应的解决策略。现有该方面的研究主要分布于师范院校本科层次阶段，其次分布于五年制初等教育专业阶段和三年制小学教育专业阶段。第四，深入探讨研究信息化背景与教师口语教学的融合。

研究主要存在以下两个特点：第一，“大教师口语观”研究趋势突显，从课程目标确定、课程教学与实施等本体研究过渡到关联研究，研究视角逐步从教师口语课程本身向相关环境转变，更加关注信息化背景、职业背景变化对课程建设和课程改革的影响；第二，呈现个体研究趋势，针对各学校实际情况进行课程建设与改革的思考，纵向深入，对课程设置、课程建设、课程实施提出了全面改革的良方与举措，比如建立模块化教学模式、搭建交流平台、开辟网络课堂和第二课堂等，以活动和比赛激发教学兴趣，提高教师口语课程的教学效果。

二、研究背景

第一，虽然目前“教师口语”课程教学与改革研究较之传统的“我讲你听”“一言堂”“多讲少练”教学模式有了长足的进步，也取得了较好的教学成效，但其仍处于探索和尝试阶段，在一些问题上仍需进一步深入研究。比如马晓华、窦诗华（2016）以网络课程为中心，提出通过实体课堂与网络课堂的结合翻转课堂，开启混合教学模式，并建议对课时进行划分：课时的 2/3 用于先行网络自主学习，1/3 用于面授和跟踪指导。这一建议无疑是对当前新时期信息化教学主流趋势的积极回答，其不仅引发了教师职能的转换，使教师由传统的传道者变为具有导师特质的引导者，而且充分体现了以教师为主导、以学生为主体的现代职业教育理念。但是“教师口语”课程是一门交互性课程，需要在交流和互动环境下进行口语表达能力的训练，如果将群体性学习环境从实体课堂转换成虚拟课堂，就相对减少了面对面的口语交流机会，因此如何处理两者之间的矛盾有待进一步思考和研究。

第二，现有研究大部分属于个体研究，普适性不强，在具体运用时还需结合实际情况进一步探索。例如，眉山职业技术学院小学教育专业 2019 级人才培养方案要求，将小学教育专业分为语文方向和数学方向，此举将对"教师口语"课程教学和改革提出新的要求。

第三，在教师资格证"国考"背景下，小学教育专业学生只有顺利取得小学教师资格证才有可能得到对口的职业。教师资格证考试各环节相关要求对"教师口语"课程教学和改革提出了新的挑战。

第四，《国家中长期教育改革与发展规划纲要》提出了"坚持以人为本，坚持德育为先，坚持能力为重，坚持全面发展"的战略主题；"以服务为宗旨，以就业为导向，以能力为本位"的现代职业教育理念也越来越明确。这些都对"教师口语"课程教学和改革提出了新的期望。

本文试图顺应"大教师口语观"研究趋势，拓宽视野，通过联系信息化时代背景、教师资格证"国考"背景、职业背景变化等宏观环境和学校内部微观环境，结合眉山职业技术学院小学教育专业语文数学分项措施和专业培养的具体情况，借鉴现有研究成果逐步探索以职业需求为方向，以学生为主体，以教师为主导，以训练为主线，以信息化教学为手段，以实体课堂和网络课堂为途径，以形成能力为归宿的能力课堂模式。

三、现代职业教育理念在"教师口语"课程中的应用探索

（一）课程内容优化

1. 教学内容的系统化

教师的口语能力是教师职业的基本技能，教师的语言素质在极大程度上决定着学生在课堂上脑力劳动的效率。"教师口语"课程作为承担教师职业口语能力训练的主营地，必须具有科学合理的课程内容。普通话是教师的职业语言，普通话语音训练是教师进行有效课堂沟通的前提。为了达到良好的课堂沟通效果，普通话训练课程被独立出来，作为教师口语的先导课程，在此基础上，进

行一般口语表达的基本技能训练和教师教育教学口语的训练。普通话训练是教师职业口语训练的基础。教师职业口语是用标准或比较标准的普通话表达的符合教育、教学要求的专业用语，是教育教学的基本职业技能，是对一般口语训练的提高和扩展。在教学时，应遵循此内部系统规律。

2. 教学内容的针对性

《义务教育语文课程标准（2011 年版）》明确提出要"能用普通话交谈""具有日常口语交际的基本能力，学会倾听、表达与交流，初步学会运用口头语言文明地进行人际沟通和社会交往"。这无疑对义务教育阶段教师的口语技能提出了新的要求。"教师口语"课程作为小学教育专业培养小学教师职业口语能力的主要阵地，其培养的学生口语技能的高低将直接决定小学生口语技能能否达标，决定新课程改革的目标能否顺利实现。

为了顺应职业需求，教师口语课程在进行教学内容选择时，应有意识地注重倾听、表达、交流等沟通和交往能力的培养。

3. 教学内容的实用性

全国中小学教师资格考试（小学阶段）包括综合素质、教育教学知识与能力和面试三部分。"教师口语"课程主要承担本专业小学语文（数学）教师资格考试面试部分的训练任务，通过分析面试流程，并结合本课程教学内容，对学生的心理素质、仪表仪态、听话习惯、言语表达、思维品质等进行训练，加强学生对导入语、讲授语、应变语、过渡语、评价语、提问语、结束语的应用训练。

4. 教学内容的适用性

眉山职业技术学院小学教育专业通过深入调研并分析乡村小学教师的生存环境、职业特点及岗位需求，积极探索院校合作，创新"双线贯通、四双培养、多维发展"的人才培养模式，力求培养出能担任多门学科教学的知识广博、能力全面、一专多能的乡村小学全科教师。为了达到较好的培养效果，实行教学内容分方向的措施具有适用性。由于语文和数学科目本身的课程性质、学习内容、学习目标有所不同，小学语文教学和小学数学教学在教学手段、教学语言上也会呈现出差异，因此在教学内容的呈现方式和具体能力的训练方面，应考虑针对不同方向的适用性。比如，在一般口语能力板块，语文方向着重培养学生的朗读能力，数学方向重点培养学生的辩论、演讲、讲故事能力。

5. 教学内容的整合性

"教师口语"是研究教师在教育教学中口头语言运用规律的应用语言学科，是在一定的语言学、教育学、心理学等学科理论的指导下，重在培养学生在将来的教育岗位上口语运用能力的一门实践性很强的技能课程。相关技能可通过项目化的方式完成训练。在不影响教学内容系统化的前提下，对教学内容进行重构整合，既可节省课时，又能顺应项目化教学的趋势，更能夯实技能训练效果。比如，在一般口语交际中，态势语与思维等非语言交际因素的训练可以与诵读、讲故事、演讲等具体的口语表达形式进行整合。较之单独设立模块进行训练，这种方式更能节省课时，提高课堂容量和课程质量。

（二）教学模式创新

"教师口语"课程本身就是一门实践性较强的课程，在以往的教学中，其教学模式为：教师讲解专业知识—提供示范—学生专项训练。这种模式基本是口耳相传，会使学生觉得枯燥乏味，加之课堂时间有限，不能满足所有学生的要求，效果并不是很好。

现代信息技术的发展引发了课程教学模式的变革。首先，网络技术和信息技术的兴起为实体课堂搭建了新的交流平台，师生之间的互动从传统实体课堂扩大到课前准备和课后提升，使得学习空间增大、学习时间延长，强化了对能力的训练。其次，多媒体技术的发展为教学提供了更加直观的教学资料，能引起学生学习的积极性。以此为基点，结合利用现代教育技术的优势特点，实现现代教育技术与教师口语课程的有机整合，并积极完善校内在线网络课程的建设，做到课前网络学习，课中技能训练，课后理论总结，以拓展和提升技能，实现课堂的翻转，实现网络课堂和实体课堂相结合的混合教学模式。

需要注意的是，教育技术的运用只是提升技能的手段，而学生实际教师口语技能的提升才是最终目标。在教师口语技能训练中，需要渗透态势语、思维等非言语因素，且必须通过口语表达和口语交际的形式才能切实提高学生的口语技能，而人机交互是无法取代人人交流的真实感受和适切性的，因此要避免对技术的过分迷信和过度依赖。

为了将现代信息技术的优势与教师口语课程的特点有机融合，特在混合教学模式的使用过程中提出以下建议：利用人机交互的模式最大限度地发挥学生学习的主动性，从而完成自主学习，充分强调学习者个别化自主学习；与此同时，教师应优化设计，通过小组合作的形式增加学生间的协作，这种协作不仅仅限于通过网络媒介进行线上交流，更应该增加线下直接沟通交流的机会。比如，在诵读训练中，教师可以首先告知学生该项目的训练目标，传输与训练相关的知识与资料，布置以小组为单位的诵读比赛活动；学生线上线下先自行学习相关诵读知识，观看视频学习诵读技巧；小组成员通过课程平台进行线上沟通交流，分享学习方法和学习成果，商讨作品细节，再在线下排练试演，实现线上线下，人机交互，人人交互，远程交互，当面交互，增加沟通交流的机会。在诵读训练过程中充分发挥现代信息技术的优势，不仅实现了口语交际能力的培养，同时也克服了混合教学模式使用过程中单纯人机交互、远程交互带来的弊端。

（三）教学方式创新

能力是通过不断地训练而获得和提升的，而单一、枯燥、重复的训练不仅不会提升能力，还可能使学生产生倦怠情绪。眉山职业技术学院小学教育专业以训练为主线，并使用多种方式来提升学生的职业口语能力。

1. 分散能力点，加强科际联系

教师口语能力是教师职业能力的主要构成部分，设计实施教育教学的核心能力需依靠口语表达才能外显，教师口语能力对教师职业养成有着至关重要的作用。教师口语课程虽是教师口语能力训练的主阵地，但其他相关课程也应该承担起训练的任务，增强口语表达训练。比如，在写作课上，可以通过口头作文的方式训练无凭借的口语表达；在小学语文教学课上可以进行朗读等有凭借的口头表达训练。加强学科之间的教学联系，分散能力点，多课并举，加强应用，不仅可以增强课程的附加效益，也正是"大课程观"的一种体现。

2. 开辟第二课堂，突出职业技能

课堂实践性训练仅为学生的活动提供了方法论基础，要想进一步进行训练，还必须依靠大量课后实践性训练活动，只有坚持课内、课外训练相结合才能真正达到巩固新知识并学以致用的目的。课外训练是"教师口语"课程的重要组成部分，不仅需要一定的时间和组织保障，还要通过多种渠道、多种形式加强训练。首先，教师可组织学生在课外举行一些班级内部、班级之间、年级之间、系之间的比赛，比如朗诵比赛、辩论比赛、演讲比赛、讲故事比赛等，让学生在第二课堂实践活动中得到充分锻炼，从而将口语教学由课内向课外延伸。其次，可组织社团活动来丰富和巩固学生的课外训练，如开设标准普通话训练班，提高学生普通话水平；开设美文朗读社，使学生掌握朗读技能技巧，让他们富有感情地朗读课文，并达到陶冶情操、净化心灵的目的；设立演讲技能训练班，通过教师指导，使学生掌握即兴演讲和命题演讲的技能技巧。丰富多彩的社团活动必定能激起学生学习口语的极大兴趣，进而提高他们的口语水平。最后，教师可组织学生参加丰富多彩的社会实践活动，加强校地联系、校校合作，组织对口班级开展朗诵、演讲、讲故事等各种语言应用类活动。

3. 小组合作与对擂（PK）

PK 模式通过创设竞争机制，让所有小组成员都有较强的危机意识。这种竞争性、对抗性环境的营造对课外练习的质量能够起到较好的保障作用。具体流程：学生课前做好练习准备，课堂上随机抽签决定 PK 小组，两组成员进行 PK，胜利小组所有成员获得较高的起评分，失败小组所有成员获得较低的起评分（由教师和小组代表组成的评委组进行评价），小组长根据教师提供的项目考核标准对成员在小组合作中的表现进行评分，并在小组内公示，确定出本项目个人最终得分。PK 模式的引入，能够较大程度提升学生的学习积极性和主动性。

（四）评价体系完善

1. 全程监控，从严考评

①分项考核与综合考核并行。按课程进度为各单项训练设置详细的考核方案，并严格按照要求进行考核；期末考核将各项目综合在考题中，以综合考核方式进行。

②形成性评价与终结性评价相结合。平时单项训练需落到实处，必须严格考核，每次单项考核需给出具体考评结果，对分项考核不合格的，提出具体建议，重新考核，否则不能进行期末考核。期末成绩由平时考核和期末考核两部分组成，平时考核占 80%，期末考核占 20%。

2. 多元评价，科学客观

①多课共评

教师口语能力的训练由多门课程共同承担，教师可以在期末得分中分配出合适的比例，由相关教师进行评分。

②师生共评

一方面，由教师和各小组代表组成评委组，对各小组的整体表现给出评分；另一方面，小组长根据提供的项目考核标准对成员在小组合作中的发言质量、建议质量、承担任务进行评分，并在小组内公示，确定出本项目个人最终得分。

③双师共导

眉山职业技术学院小学教育专业正在逐步深化"双师共导"的人才培养模

式，即由校内教师和合作小学教师共同进行人才培养。校内教师制定出详细的评价标准，合作小学教师对学生在实习学校的口语表达能力做出评价。

3. 对接职业，全面评价

通过对职业能力的分析，在各个项目中渗透相关职能技能的考核与评价，将普通话语音质量、逻辑思维连贯度、仪态礼仪等要求列入具体技能项目的考核中，对接职业，全面评价。

四、实施效果

眉山职业技术学院小学教育专业通过优化课程内容、创新教学模式、创新教学方式、完善评价体系，取得了一定的课程效果。

从期末考核教学质量来分析，2015级学生的"教师口语"课程平均分为88分，2018级为93.5分。学生平均分呈上升趋势，表明了课程探索路径的有效性。

从教师资格证面试模拟考试来看，通过对模拟考试记录单的评价整理，学生在语言表达的流畅性、生动性、规范性，以及态势语辅助表达的自然性上都有很大的进步。

从实习单位反馈的实习生表现情况来看，学生交际口语、教学口语、教育口语趋于规范。

五、结论

综上所述，"教师口语"是培养学生职业口语能力的重要课程，对培养合格的小学教师有着基础性作用。在现代职业教育理念以及各种宏观环境和微观环境的影响下，"教师口语"课程的教学应当不断革新思维，根据具体的实际情况，优化课程内容、创新教学模式、创新教学方式、完善评价体系，这样才能够有效提升教师的教学水平和学生能力的培养质量，为达到学科教学目标、培养具有扎实教师职业口语能力的小学教师贡献学科力量。

参 考 文 献

陈琼，2013. 现代教育技术与高等师范院校《教师口语》课程教学的整合 [J]. 吉林省教育学院学报（中旬），1：52-53.

程培元，2004. 教师口语教程 [M]. 北京：高等教育出版社.

戴仕弘，2012. 职教院校整体教改 [M]. 北京：清华大学出版社.

戴仕弘，毕蓉，2007. 高职教改课程教学设计案例集 [M]. 北京：清华大学出版社.

董俊芳，2014. 新时期高校"教师口语"课程教学改革探索：以荆楚理工学院为例 [J]. 武汉冶金管理干部学院学报，24（3）：71-73.

付玉，2016. 高职院校教师口语课程改革探讨：以泸州职业技术学院为例 [J]. 科教导刊，7X：93-94.

淮亚莉，2015. 信息化背景下高校《教师口语》教学改革设想 [J]. 延安职业技术学院学报，29（2）：85-86.

黄丽清，2006. "教师口语"课程教学再思考 [J]. 科技资讯，10：63-64.

李丹，2014. 基于实践取向的小学教育专业教师口语课程教学策略研究 [J]. 教育探索，11：23-24.

李静，2012. 论师范类学校教师口语教学的多样化 [J]. 佳木斯教育学院学报，9：149.

李卫中，2013. 后现代教育理念下师范院校教师口语课程教学的反思 [J].

教育探索，11：72-73.

李延芳，2009. 五年制小学教育专业教师口语教学现状与改革 [D]. 成都：四川师范大学.

马晓华，窦诗华，2016. "教师口语"网络课程教学中的交互性探究 [J]. 内蒙古师范大学学报（教育科学版），29（11）：49-51.

尚爱萍，于慧，孙嘉琪，2015. 师范类高等院校"教师口语"课程教学中存在的问题及对策 [J]. 教育与职业，5：157-158.

孙华，殷世东，2009. 新时期师范院校"教师口语"课程改革若干思考 [J]. 高等函授学报（哲学社会科学版），22（6）：89-90.

孙和平，2007. "演讲与口才""教师口语"课程教学方法改革与探讨 [J]. 咸宁学院学报，27（5）：115-116.

王子慧，2013. 论高校教师口语课程教学手段的多样化 [J]. 海南广播电视大学学报，1：126-128.

魏丽杰，2007. 高师"教师口语"课程建设的思考 [D]. 济南：山东师范大学.

武洪彦，2014. 新课改背景下"教师口语"课程改革之探索 [J]. 湖北经济学院学报（人文社会科学版），8：180-182.

杨杰华，盖林海，2003. "教师口语"课程在教师教育专业化中的重要作用："教师口语"课程的建设与改革 [J]. 石家庄师范专科学校学报，5（5）：65-67.

叶竹钧，源国伟，2003. "教师口语"课程教学改革的研究与实践. 广州大学学报（社会科学版），2（12）：72-75.

赵芸，2014. 师专教师口语课程教学存在的问题与对策 [J]. 太原大学教育学院学报，4：56-58.

朱陶，李艳艳，王振华，2012. 语文新课程改革背景下《教师口语》教学探究 [J]. 内江师范学院学报，27（5）：110-113.

高职院校学生专业自信影响因素及培养途径初探

何　强　刘　成

摘　要 ⋯⋯⋯⋯⋯⋯⋯⋯⋯⋯⋯⋯⋯⋯⋯⋯⋯⋯⋯⋯

　　本文从自信和高职专业自信出发，研究了影响高职学生专业自信的因素，及培养和增强高职院校学生专业自信的途径。研究表明，通过调节心理使其恢复正常心态、制订个人职业规划与专业学习计划、进行专业学习与专业训练等措施，可以培养和增强高职学生的专业自信。

关键词 ⋯⋯⋯⋯⋯⋯⋯⋯⋯⋯⋯⋯⋯⋯⋯⋯⋯⋯⋯⋯⋯⋯

　　高职学生；专业自信；影响因素；培养途径

一、自信与高职专业自信概述

（一）自信

有人曾说："自信是成功的第一秘诀。"一个人的自信心与他的成功概率成正比。自信心越强，越能够不畏失败，不怕挫折，不懈进取。自信心越大，越能够产生强大的精神动力和进取精神。大凡职场成功人士，均具有极强的自信心。

自信，就是相信自己的力量，自信心就是确信自己所追求的目标是正确的，并坚信自己有力量与能力去实现所追求的目标。

一个人的自信心不是天生的，更不会随心而得。心理学家认为，人的自信20%源于外在，如长相、穿着等；而80%来自内在的涵养，如言谈举止、气质、个性、处事方式等。所以，自信心的树立需要关注内在和外在这两个方面，而内在自信尤为重要。

（二）高职专业自信

所谓高职专业自信，就是高职院校学生对自己所学专业的自信度。这包括对专业的认识、了解，进而认同自己所选所学的专业；在校学习期间对专业的学习兴趣、学习热情、学习态度和持续的学习力；利用专业知识和技能对口就业以及在实际专业工作中解决问题的能力等。简单地说，专业自信就是选专业、爱专业、学专业、用专业或从事所学的专业。

一般来说，学生对专业认识越多，了解程度越深，其专业学习的目标就越明确，在专业选择时就越理性，对自己所选专业的认同感就越强，也越能在以后的专业学习和专业工作中建立自信。所以，对专业的认识、了解和认同是学生建立专业自信的基础和前提。

在校学习期间，学生对专业的学习热情度越高，学习态度越端正，持续的学习力越强，越能增强专业的学习能力和对专业的自信心。因此，在校学习期间对专业兴趣、专业热情的培养以及对专业学习持续力的培养是学生建立专业自信的关键。

学生实习和毕业以后，利用专业知识和技能对口就业以及在实际专业工作中解决问题的能力越强，专业自信心就越强。

相对于通过高考顺利进入本科阶段学习的同学而言，部分高职学生在进入高职学院学习之前，或多或少有一种失落、悲观的情绪。他们在选择专业时，或对专业了解不够，或没有主见；在专业学习过程中，学习目标不明确，学习态度不端正，学习积极性不高；而在毕业与就业的过渡期，面对就业的压力和未知的社会，他们普遍存在焦虑、浮躁的心理，不相信或不能确信自己所学的专业能够让自己获得一份有尊严的职业，进而在事业上取得成功。失落、悲观、焦虑、浮躁等情绪，其实是一种专业不自信的表现。因此，培养和增强高职学生的专业自信非常重要。

二、影响高职院校学生专业自信的因素

影响高职院校学生专业自信的因素有很多，大体可以从内因、外因两个方

面来进行分析。

（一）内因

1. 自我认识和评价

认识自我，准确把握自身优势和劣势，端正学习态度，准确定位并确定自身发展目标和发展规划，有利于学生增强自信心；而不能正确认识自我，不能做出正确的自我评价，都可能影响到专业自信心的形成和发展。如果对自己认识过高，一旦出现挫折或者失败，就会严重损害个体已经建立的专业自信，不利于专业自信心的发展和持续。如果对自己的评价和认识过于悲观，目标定得过低，就不利于形成有效的专业自信，会降低个体的社会适应性。

2. 自身对专业的认同和喜好程度

个人对专业因认同而喜欢，因喜欢而认同，做出符合专业选择的判断，并通过学习知识技能产生的良好效果又能直接提升专业自信，专业认同和专业自信相互促进，是一种良性循环。反之，对一个专业不认同，则不喜欢，就会缺乏基本的专业自信起点，也无法在学习专业方面达到预期效果，继而怀疑自己，怀疑专业，从而降低专业自信。

3. 个人积极的心态和努力程度

个人心态越积极，在专业学习过程中越努力，所获得的专业知识就越丰富，动手、动脑能力也会越强，综合素质和能力也就越高，个人的专业自信往往越强。个体的专业自信往往与自身在各项活动中的表现机会和成功率呈正相关。

4. 其他方面

自身的生理状况、兴趣爱好、性格特征、政治思想素质、心理素质等，都会对一个人自信心，包括专业自信心的建立产生影响。

比如，不同性格特征在活动中的不同表现，对同一职业工种可能会产生不一样的结果。活泼、热情、开朗、有爱心的个体往往专业自信心强于冷漠、拘谨、自私、自利的个体；勇敢、果断、谨慎、坚韧的个体也往往比懦弱、犹豫、盲目、脆弱的个体专业自信心强。

又比如，立场坚定、原则性强、目标远大者，对学习能够持之以恒，对事物的认识、分析、思考、总结也很深刻，从而专业自信心就强；兴趣爱好广泛，积极参加社团组织和志愿活动的个体，或在沟通、思维、表达、组织能力方面较强，或在音乐、舞蹈、美术、体育活动中表现突出，其专业自信心也较强。

（二）外因

1. 专业的社会需求度与认可度

紧俏专业、优势专业在市场中的需求度高，学生的就业压力就小，找工作相对容易，这样的学生专业自信度也相对较高。而部分就读一般专业、冷门专业的学生自信心较缺乏。

2. 社会环境、家庭环境、学校环境对个体的直接和间接影响

社会环境和家庭氛围对个人形成对客观世界的看法有着重要的影响，同时也影响着个体的自信心。学校应试教育和素质教育培养方式和观念的不同，同样影响着个体的专业自信度。落实素质教育理念，注重个性教育的学校的学生，专业自信明显较强。

3. 物质条件

高职专业人才的收入状况，直接影响着个体对自身的专业自信度。高职学生的家庭经济状况等也会对学生的专业自信心有一定的影响。

三、培养和增强高职院校学生专业自信的途径

自信是一种自我感觉，是自我判断所做出的心理反应。高职学生的专业自信可以通过后天的塑造与培养而形成。内因是决定因素，所有的外部条件、方法必须通过内部的心理反应才能起作用。因此，可以通过调节学生心理使其恢复正常心态、制订个人职业规划与专业学习计划、进行专业学习与专业训练使

学生找到成功的满足感，从而增强专业自信。

（一）调节学生心理是建立自信和专业自信的基础条件

高职学生入学时普遍具有不自信的现象。首先，学生本人要主动调节自己的心态，正确认识高职教育和普通教育，消除"高职教育低一等"的错误认知，努力做一个身心健康的人。不健康的心理会使学生对客观世界产生错误偏激的看法，从而影响自信心。自信心过低是自卑，过高是狂妄。身心健康是保证自信心的基础条件。其次，学校要有专门的心理辅导教师对学生进行"面+点"的心理辅导。辅导教师要在新生入学初期融入学生，与学生一起活动、一起学习，观察学生的情况，多做心理辅导和疏导工作，并通过开展一些活动让学生正确认识、认同高职教育和自己所选的专业，让所有学生都保持健康的心理状态。这个环节是一个循序渐进的过程，既不可急于求成，也不能对学生的"不认同"心理态度冷淡或置之不理。

（二）正确认识、认同专业和未来的职业，订立职业规划和学习计划，是学生专业自信的重要前提

如前文所述，认识自我，准确把握自身优势和劣势，端正学习态度，准确定位并确定自身的专业发展目标和发展规划，有利于强化学生的专业自信心；而不能正确认识自我，不能做出正确的自我评价，可能影响到学生专业自信心的形成和发展。因此，要充分利用自身条件（优势和不足），确定好专业目标。目标的可实现性非常重要。可以通过入学专业教育，让学生对所学的专业有一个再认知与选择的过程，并有目的性地引导学生做一个符合自己特点的个人职业规划与专业学习计划。

关于目标的可实现性，需要注意三点。①目标既要有可实现性，又要有一定的高度和难度，学生可以通过自身的努力学习和训练达成目标。②对目标进行适度分解，将大目标分解成前后相接的不同的小目标。这样可以让学生在实

现大目标的过程中不断有达成小目标的成就感，这种持续的成就感转化成向上向前的动力，从而使学生形成牢固的专业自信心。③通过外因的适时加入和干预，调整学生心态，激励学生学习，从而保证目标的实现。

（三）通过持之以恒的学习，不断充实自我，塑造自我，建立专业自信心

要将职业规划和学习计划付诸实际行动，要在专业学习上多花时间，多下功夫。在学习遇到困难时，要树立自我激励意识，主动解决问题（必要时需要辅导员或专业教师的指导），比如自己查阅资料、请教老师、与同学合作等。一个人的专业自信心与能力和知识（包括专业知识和能力）的积累有很大的关系。能力和知识技能相互依赖、相互制约、相互促进，能力是在掌握和运用知识技能的过程中形成的。所以，持之以恒的学习，既可以充实自己，塑造自己，又可以不断掌握知识技能，提高社会服务能力，让所学专业得到社会各方的认可，使学生的专业自信心逐步建立并得以加强。

学习的形式和方式是多种多样的，要注意学习的开放性和灵活性，学以致用，不能读死书，死读书。学生既可以向书本、网络，或者他人学习间接经验，也可以通过课堂学习理论知识，还可以通过实验、实训学习实践技能；既可以在校内学习，还可以通过校外企业、行业学习；既要学习专业知识和技能，又要加强专业以外的知识技能的学习与拓展训练，增加见识，扩大知识面，培养良好的专业素质。特别建议高职学院的学生利用课余时间多多参加与专业相关的实践活动，比如理工类专业的学生参加专业生产实践，农业专业的学生参加农业生产实践，医学专业的学生参加医学相关的实践，教育学专业的学生参加教育教学实践，等等。这对于学生认识专业、熟悉专业，明确以后的工作岗位和工作性质，从而激发对专业学习的兴趣和明确学习的目的，并进一步做职业规划和人生规划非常重要。

（四）组织学生进行必要的专业实习，是培养专业自信的重要途径

高职学生毕业之前的跟岗实习和顶岗实习是非常重要的专业实习。如果运用得当，可以大大提高学生的专业自信度。但是，在跟岗实习和顶岗实习的过程中，要特别注意防止出现"走过场"的现象，因此，可以从以下三个层面入手。

学校层面：

（1）学校要根据各专业人才培养方案制订行之有效的、详细的跟岗实习和顶岗实习方案。

（2）学校各专业要加强对学生实习的日常管理。各专业可安排专门人员进行实习管理，保持良好的沟通，随时关注和管理实习学生的现状和问题，并对出现的各种问题给予协调和解决。

（3）学校各专业要有目的、有计划地组织相关的专业教师进行跟岗实习和顶岗实习的检查和辅导，及时解决学生实习中遇到的专业问题和困难。

专业教师层面：

（1）尽快建立与所管理的实习学生的沟通渠道，随时保持沟通和联系。

（2）对学生在实习过程中遇到的专业问题和困难（包括从管理人员处获取的信息）进行科学分析，并有针对性地解决，让学生学到解决问题的办法以及所用到的专业知识。必要时，还应该直接去实习一线实地调研。

（3）对学生实习的表现情况适时给予鼓励和鞭策，特别是对实习表现好的学生进行激励是很有必要的。

学生层面：

（1）自觉遵守学校实习纪律和实习单位的工作纪律及规章制度是保证实习顺利进行和专业实践有收获的基本前提。

（2）主动与学校实习管理老师、专业指导教师和实习单位同事特别是实习单位指导教师保持沟通和联系。这是学生快速进入实习状态、及时解决实习中

的问题和困难，保证实习中有所做、有所学、有所获的关键，同时也是逐步建立并形成专业自信心的关键。

（3）脚踏实地完成专业实习。在实习中沉下心来，按照实习单位的统一安排一丝不苟地完成每天的工作，并在实习工作中多看、多问、多学、多做、多思。"多看、多问"就是对不熟悉的工作要多了解熟练工的基本操作方法，不懂的就要询问，要有"打破砂锅问到底"的精神。"多学"就是对于平时工作中不懂、不熟悉、不确定的内容自觉学习。"多做"就是强调具体的工作实践。只有多做，才能学到真本事，才能将专业知识转化为专业技能，才能培养过硬的专业素养，提高专业能力，建立专业自信心。"多思"就是学会对专业实习进行总结和反思。这是对实习中看、问、学、做几个环节的融通过程，是专业能力的升华过程，同时也是专业自信心的自我培养和形成的过程。

四、结论

总之，学生专业自信的培养是一个较为复杂的、系统性和综合性较强的、涉及面较广的工程。只要找准问题的根本，针对性地采取一系列方法和措施，就能让学生树立专业自信心，让他们真正做到选专业、爱专业、学专业、用专业，从事专业相关工作，为社会做出贡献。

参 考 文 献

车丽萍，2001. 自信的概念、特征及影响因素［J］. 宁波大学学报（教育科学版），23（6）：31-34.

车丽萍，2002. 自信的概念、心理机制与功能研究 [J]. 西南师范大学学报（人文社会科学版），28（2）：86-89

冯建英，杜学元，曾云华，2010. 关于高职学生自信发展特点的调查报告 [J]. 职教论坛，3：87-93.

哈里斯 A B，哈里斯 T A，1989. 保持自信 [M]. 程元善，张作光，程华善，译. 北京：文化艺术出版社.

黄希庭，郑涌，等，1999. 当代中国大学生心理特点与教育 [M]. 上海：上海教育出版社.

以应用为导向的计算机公共基础课教学改革探讨

陶俊辉

摘 要 ·······

本文分析了计算机公共基础课在专业人才培养方案中的地位和作用，为提高教学效果，按照课程为专业服务的职教理念，对以应用为导向的计算机公共基础课的教学目标、学生学法、教师教法等逐一进行了详细的探讨，最后分析了计算机公共基础课采用分层教学的必要性。

关键词 ·······

公共基础课；计算机；应用；学法；教法

一、计算机公共基础课的发展过程

随着信息时代的到来，办公自动化日益普及，信息技术越来越受到人们的重视。计算机公共基础课应运而生，计算机公共基础课的教学也随之跟进，总的来说，经历了三个发展阶段。第一阶段，计算机公共基础课侧重于信息素养的养成、计算机基础知识的学习和计算机基本技能的训练，为后续课程应用计算机基本技能打下基础；考核标准基本以参加计算机等级考试为教学质量评价标准；教学内容的选取以通识教学为主，因此各学校各专业的计算机公共基础课教学内容几乎一致。第二阶段，计算机公共基础课是在系统学习计算机基础知识和基本技能的基础上，为提高学生的学习兴趣，将学生职业岗位工作内容作为教学素材进行教学；考核标准既要考核岗位工作内容的信息处理能力，又要考虑计算机等级考试的要求。第三阶段，随着社会对职业资格证书需求的弱化，计算机公共基础课的教学目的重在"应用"，于是便产生了以应用为导向的计算机公共基础课。教学中根据学生专业的不同，选取专业岗位的典型项目和任务为载体，使用计算机技能来更好地完成工作任务。计算机基础知识服务于计算机基本技能，并为基本技能提供理论支撑。考核标准主要考核学生应用计算机基本技能处理岗位典型工作任务的能力，这与"课程为专业服务"的职教理念相一致。

二、计算机公共基础课学生学法探讨

学生要更好地学习以应用为导向的计算机公共基础课，需要注意以下学习方法。

（一）调研岗位需求，提高学习针对性

为了增强学生学习计算机公共基础课的学习效果，将计算机技能应用于职业岗位工作内容之中，提高学生分析问题、解决问题的能力，实现所需即所学、所学即所用的目的，就需要调研就业意向单位及其岗位需求。调研渠道很多，如实地调研、熟人询问、网络调研等，建议将多种调研渠道结合使用、相互印证，这样得到的信息才会更加准确、全面。调研内容主要有单位性质、岗位名称、工作内容、工作要求、知识技能要求、学历和职业资格要求等方面。学生需要结合调研的岗位需求、学校的课程设置和自身实际，厘清学习重点，提高学习的针对性和主观能动性。

部分岗位要求学生具有创新能力，学生仅完成作业任务是不够的，还要拓展思路，尝试不同的解决方案，再提交最佳方案。很多单位特别在意员工的忠诚度和抗压能力，这就要求学生在确定自己的努力方向后，不要轻易更改，遇到难题要想办法解决而不是放弃，坚信"只为成功找方法，不为失败找借口"。

（二）学习先易后难，提高学习效率

计算机公共基础课教学一般采用模块化教学模式，模块包括计算机基础知识模块、操作系统应用模块、字处理软件应用模块、电子表格软件应用模块、演示文稿软件应用模块、计算机网络应用模块等。学习过程中要依据教学的安排循序渐进、逐个突破。对于软件的学习从易到难依次是：软件操作界面环境、软件基本功能常规应用、软件高级应用和多软件的综合应用。学习的载体是工作中的典型项目任务案例，在完成项目任务过程中学生要理解项目任务情境，学会分析问题、解决问题的办法，训练职业技能。在完成各种电子文档时，学生可以尝试多种方法，思考每种方法应在哪些场合下使用。不管使用哪种方法，都要重视结果的正确性和呈现效果的美观性。对于各种软件都要边操作边学习，通过反复模仿练习，举一反三，融会贯通。

（三）重视课外探究，提高职业能力

熟练操作和应用计算机固然重要，但在这之外还有很多更重要的内容值得学生关注，比如更好地与人沟通、提高表达能力、考虑全局协调工作中涉及的人财物、应用计算机技术解决实际工作问题等。在课堂学习之余，学生还应多参加社团活动、班团活动、社会实践活动等，锻炼自己的社会活动能力，从而提高职业能力和职业素养。

同时，线上也有很多学习素材，比如讲解视频、图文并茂的教程等，学生可以进行系统学习，以问题为导向，有针对性地学习各种技能来解决遇到的实际问题。

学生还可以通过操作各种现代办公设备，熟练掌握其使用和维护常识，并与同学、朋友多交流学习心得。求职意向为行政办公文员岗位的学生，还要掌握各种现代办公设备的性能参数和选购常识，用自己的知识技能为单位决策提供参考。

（四）结合自身实际，确定努力方向

每个专业的就业岗位不止一个，不必面面俱到，学生可以根据自己的兴趣爱好确定1~3个就业岗位作为努力方向，坚持不懈地学习意向岗位所需的知识和技能，这样在毕业后就能在职场中更快、更好地发展。

三、计算机公共基础课教师教法探讨

以应用为导向的计算机公共基础课，对教师有着更高的要求，教师可以从以下几方面优化教法。

（一）精选教学素材，提高教学针对性

1. 结合学情选用教学素材

课程为专业服务，课程中使用学生所学专业岗位的典型工作案例为教学素材，让学生体会"所学即所用"，从而提高学生的学习兴趣。计算机公共基础课一般安排在大学一年级，由于大一学生对专业的认识还不深刻，对专业知识的学习也才刚开始，因此教师准备的专业素材不能太"专业"，否则会因为学生不理解所学内容的专业含义而影响学习效果。教师需要研究大一学生的专业基础课，收集"入门级"而非"专业级"的专业案例素材作为教学载体，让学生更容易理解职业情境。

2. 结合学生专业岗位工作内容确定教学重点

社会分工越来越精细，新的工作岗位不断涌现，岗位工作内容也呈现多样化的特点。确定教学重点，一定要结合每个专业的典型岗位的工作内容，需要分析每个专业的人才培养方案，领会专业岗位及其工作内容要求，准确定位计算机公共基础课的教学目标。计算机公共基础课的教学目标是培养学生综合运用计算机操作技能，高质量、高效率地完成各种典型工作任务。为了提高教学的针对性，要结合工作内容确定教学内容和教学重点，依据工作过程设计教学过程和教学环节，在教学中分清主次、有所侧重。例如，文教、艺术类专业重点强化文字处理、图表信息表达与分析、演示文稿软件应用、多媒体技术应用等内容；财经商贸类专业重点加强电子表格软件在数据处理和数据分析中的应用，提高数据统计分析能力；所有非理工类专业对进制、编码、计算机原理等

内容可以不做要求，但应注重计算机的日常使用与维护；理工类专业对理性思维和工具思维要求较高，应加强学生的计算机思维训练和逻辑思维能力训练，培养其分析问题和解决问题的能力。这种方式有利于培养学生的职业能力和综合素质，为学生毕业后实现零距离上岗奠定基础。

3. 发挥集体智慧建立健全教学资源体系

对于招生人数不多的专业，一位教师需要承担多个专业的计算机公共基础课教学任务，收集、整理多个专业的教学素材给教师带来极大的压力。现在已经进入大数据时代，从互联网中能够方便地获取各种教学资源，但要真正加以利用，还须发挥计算机教研室的集体智慧，群策群力，建立健全适合本校学生实际的各专业教学资源体系。根据最新专业人才培养方案的专业培养目标、课程教学目标，综合网络资源、自建资源，创建计算机公共基础课的专业教学资源体系，让所有学生都能在教学全过程选择适合的教学资源进行学习，提高其学习针对性，激发其学习兴趣，从而提高教学效果。

（二）制作微课视频，突破教学重难点

微课视频是把碎片化的知识点或者技能点通过计算机软件制作成的短视频。计算机公共基础课部分理论知识比较生涩，实际操作的要求也比较高，这导致许多零基础的学生学起来非常吃力。对于这种情况，教师就可以在准备教学素材时，应用微课碎片化、形象化的特点，把计算机公共基础课中的重点、难点进行分解，将原来生涩难懂的知识点和复杂的技能点制作成浅显易懂的微课视频，方便学生随时、反复观摩学习，突破教学重难点。

为了制作优质微课，计算机教研室可以发挥集体智慧和每位教师的特长，分工合作，优势互补。教师们可以分别承担素材提供、脚本写作、过程设计、视频录制、视频编辑等任务，制作出一系列具有教学价值的微课视频，并将微课视频上传到网络教学平台中，方便学生随时观看学习；还应配合相应的检测手段，评估微课视频对学习教学重难点的实际效果，以此作为进一步改进微课视频的依据。随着网络信息技术的迅速发展，计算机新知识、新技术不断涌现，微课制作既要根据学生的学习情况"对症下药"，又要与时俱进、紧跟时代步伐、及时更新，方能适应新时代对人才的新要求。

四、对计算机公共基础课进行分层教学的探讨

目前，高职院校分层教学尚处在发展阶段，在众多课程中，英语教学在分层教学中已经取得了一些成功经验，为计算机公共基础课的分层教学提供了很好的借鉴。目前，高职院校的学生有来自中职的对口高职考生，也有来自高中的普通高考考生，中职专业的不同、高中学校的不同、学生家庭条件的不同，导致高职院校大一学生在计算机基础方面差异较大。部分基础较差的学生，之前对计算机基础教学接触比较少，自身对于计算机不是很了解，甚至有个别学生以前没有操作过计算机，属于真正的"零基础"。针对这部分学生需要从基础层面进行计算机公共基础课教学，主要学习计算机基础知识和基本技能，使其能够对计算机有一定的了解，具备继续深入学习相关知识的能力。中等层次的学生在之前的教学中进行过较为规范的计算机基础知识的学习，具备一定的计算机操作经验，能够较好地在日常生活学习中使用计算机。针对这部分学生的计算机公共基础课教学，需要继续巩固提升其计算机基础知识和基本技能，同时培养其解决应用性问题的能力。基础较好的学生在之前的教学中进行过完整的计算机基础知识的学习，同时在生活学习中经常使用计算机，能够熟练进行常规计算机操作，有部分学生甚至已经取得了计算机等级考试一级、二级证书。针对这部分学生的计算机公共基础课教学，需要提升其计算机应用能力，培养其单独或协作使用计算机解决复杂问题的能力。

以分层教学作为教学手段，需要针对不同层次的学生，设计不同的备课方案、教学内容、教学方式、教学素材等，做到因材施教，让每个学生都能通过

分层教学在计算机应用能力方面得到较大的提升。

五、结论

以应用为导向的计算机公共基础课教学改革探索，是计算机公共基础课任课教师、专业负责人、学校教务管理人员共同关心的话题。只要我们紧跟现代职业教学改革的主流方向，强调教学协同——计算机公共基础课教师内部的协同、计算机公共基础课教师与专业课教师的协同、学生与教师的协同，采用适当的教学方法，配合使用微课视频等专业教学资源体系，将计算机知识和技能巧妙地应用于职业岗位之中，就能提高学生学习计算机知识和技能的积极性，为社会培养具备较高信息素养的应用型人才。

参考文献

艾琳娜，2019. 计算机基础教学中应用微课的几点体会 [J]. 数字通信世界，8：234-238.

马金金，2019. 基于成果导向的大学计算机基础教学过程设计 [J]. 池州学院学报，6：127-129.

尚中君，2019. 层次化教学在计算机应用基础的应用 [J]. 科技资讯，19：138-139.

邢颐，2019. 基于职业岗位的计算机应用基础课程教学改革实战 [J]. 教育教学论坛，9：119-120.

高职音乐教育实证研究的一般路径

——从文献综述中得到的启示

吴沛芹

摘　要 ⋯⋯⋯⋯⋯⋯⋯⋯⋯⋯⋯⋯⋯⋯⋯⋯⋯⋯⋯⋯⋯⋯⋯⋯⋯⋯⋯

　　教育实证研究是一种基于事实和依据的研究，强调理论与实践的融合。本文通过对我国两次教育实证研究论坛相关文献的梳理和有关教育实证研究路径文献的学习，分析了高职音乐教师在教育研究中的困境，提炼出高职音乐教师在教育实证研究中的一般路径。

关键词 ⋯⋯⋯⋯⋯⋯⋯⋯⋯⋯⋯⋯⋯⋯⋯⋯⋯⋯⋯⋯⋯⋯⋯⋯⋯⋯

　　教育实证研究；音乐教育实证研究方法；高职音乐教师

本文将"教育实证研究"定义为"那些借助量化或质性研究方法，对所关心的研究对象进行系统探究之后获得有证据支撑的认识的教育研究"。本文探讨的实施音乐教育实证研究的主体是指工作在教学一线的高职音乐教师。

一、关于"教育实证研究"

香港中文大学尹弘飚教授（2017）在其《教育实证研究的一般路径：以教师情绪劳动研究为例》一文中讲到：20 世纪 80 年代以来，关于"教育研究应该怎么做"的方法论之争一直不绝于耳，其中距离我们最近而又最具代表性的，莫过于新千年以来发端于美国的"证据为本的教育研究（evidence-based education research）"所引发的争论。

2001 年 6 月，美国参众两院通过"不让一个孩子落后法案"（*No Child Left Behind Act*）。这是当代美国教育研究史上一个划时代的教育举措，它对美国当今的教育研究产生了难以估量的影响。这一法案中很重要的一点是"强化对结果的问责，倡导经过验证的教育方法"。2002 年 2 月，美国国会推出"教育科学改革法案"（*Education Sciences Reform Act*），决定成立国家级教育科学研究所，其主任需核查并确保该所及其所属三所中心从事"科学有效的研究"，并提供"证券为本的论断"。自此，"证据为本"有了正式的法定身份。2004 年，美国国家教育委员会发布了题为《促进教育中的科学研究》（*Advancing Scientific Research in Education*）的报告，指出"教育研究能够且应该有助于政策与实践，教育也应该是一个证据为本的领域"。

2015 年 10 月，我国首届教育实证研究论坛在华东师范大学举行。论坛围绕如何形成符合国际规范的教育实证研究及扩大教育研究对教育决策的影响力等问题进行了探讨。论坛主题涵盖了中国教育实证研究的现状透视、国际教育实证研究的发展趋势、教育实证研究的方法与方法论问题、教育实证研究与其他研究方法的整合融通、教育实证研究与教育数据库的建设和使用。

2016 年 10 月，第二届全国教育实证研究论坛在华东师范大学举行。本届论坛重点围绕"怎么做实证研究"进行对话；主要围绕教育实证研究怎么做，对如何确定问题、如何选择研究方法、如何进行数据分析、如何解释数据的理论展开讨论，旨在展现教育实证研究的多样性。

不难看出，当前我国的教育研究非常看重实证研究，不同层面的研究者和实践者都在进行实证研究，教育实证研究在我国教育领域已渐成气候。

二、高职音乐教师做实证教育研究的困境

高职音乐教师是高职教育工作者中的一个群体，他们具有两个身份：作为音乐人，他们要对自身的专业进行提升；作为教师，他们要完成教育教学任务。笔者通过查找国内各种数据库，以主题词"高职""音乐""实证研究"进行搜索，结果显示：虽然高职音乐教师工作在教育一线，有很多的实践经验和数据可以作为实证研究的有力支撑，但是相关研究的数量太少，其主要原因有以下

三方面。

（一）教育研究观念尚未成形

一些高职音乐教师的基本教育观主要来源于作为一线教师的教学经验，而没有上升到理论研究层面。很多具有丰富经验的教师退休时，也带走了来之不易的专业知识和实践经验。这些宝贵的知识经验因为没有被系统地记录下来，也就没有办法得到有效验证，因此不能传授给新教师。

（二）工作时间长、压力大

教师不仅要完成教学指标，还要对学生的各种社团活动、学校艺术活动和比赛等进行指导。因此教师的工作时间长、压力大。他们把大部分时间都花在了上述各种教学与活动中，几乎没有时间来研究教育问题和观点，或者将实践问题提炼为研究成果。

（三）师资培训中对研究能力的训练较少

在对教师的各种岗位能力提升培训课程中，对教学研究能力的训练较少。教师缺少教育研究的相关知识和方法，文字表述和概括能力也较差。

三、高职音乐教育实证研究的一般路径

高职音乐教师应通过自身努力积极加入教育研究的队伍中。教师应转变观念，切实理解教育研究是提升教育教学理论水平的重要途径；同时，善于总结实践教学、表演经验，用科研的眼光去捕捉实践中的亮点，并将其转化为文字。高职音乐教育实证研究的具体路径可以概括为：

（一）探寻"值得研究"的问题

刘选（2017）认为，价值是基于实用主义哲学的，其包括内在价值和外在

价值。其中，内在价值意指教育问题本身所蕴含的理论的、实践的和逻辑的价值，即值得研究，而不是充满矛盾、无须证明的伪问题；外在价值是指教育问题之于教育理论和实践的功能性价值，它能够对推进理论创新和实践问题解决有所裨益。高职音乐教育分为通识性和专业性音乐教育。在专业性音乐教育——学前教育专业音乐课程的教学中，就有很多问题值得研究，如课程设置的研究、教学方法的研究、评价体系的研究等。

同时，还要关注问题的前瞻性。问题的前瞻性具有两层含义：一是教育研究者应该关注具有前瞻性的教育问题，用前瞻性的研究来指导当前的教育实践，引领学科发展；二是教育研究议题应该具有延续性和发展性，能够通过持续扎实的实证研究解决当前的教育问题，为未来研究做好准备。如基于核心素养视角下的课程标准修订，"三教"改革下的校本教材建设等，都是一线教师一直在做的工作，而且有大量的实证可以搜集。

（二）找准视角的切入点

找到要研究的问题后，就要思考切入点。好的切入点有利于更专业地研究问题的解决途径，可以根据研究者的研究背景和学术专长去选择合适的切入视角。如在高职学前教育专业的音乐教师中有侧重声乐演唱和教学的、有侧重钢琴演奏和教学的、有侧重理论教学的……音乐教师根据各自的专长在教学和表演实践基础上做教学研究，教学和表演实践就是教学研究的"实证"。

（三）在教学日常中重视收集整理数据和证据

笔者在上文中提到，很多教师退休后，因为未能系统地记录下宝贵的知识经验，因而无法将其传授给新教师。这种现象在高职音乐教师这个群体里表现得尤为明显。

实证研究强调在科学研究中针对研究目的及研究问题，搜集合理且有效的证据。音乐教师的大量教学内容是实践教学，如歌曲的演唱、钢琴的演奏、音乐的鉴赏等，在教学过程中存在大量教学实例，教师应及时搜集、整理。可以用文字的方式记录或通过语音软件进行语音记录。同时，尝试学习用网络进行数据搜集和整理的技能。

此外，笔者认为，高职音乐教师除了学习、提升自己的专业能力和网络技术能力外，还应该加强学习各种与实证研究相关的研究方法，如文献查找、文献综述、问卷调查、谈话、数据的统计与测量等；同时也要关注自己专业领域的"学理"，在严谨的"学理"指导下进行实证研究。

四、结论

教育实证研究给教育研究者搭建了一座理论与实践互通的桥梁。高职音乐教师应认识到理论与实践之间的辩证关系，在实践研究中，广泛深入地阅读思考，充分掌握研究方法、证据收集办法、数据处理方法等，多写多学习，充分提升自身的实践能力和研究素养。

参 考 文 献

高尔 M，高尔 J，博格，2016. 教育研究方法 [M]. 徐文彬，侯定凯，范皑皑，等译。北京：北京大学出版社.

刘选，2017. 实证研究怎么做：让研究者困惑的地方：来自华东师大第二届全国教育实证研究论坛的启示 [J]. 现代远程教育研究，3：18-25.

刘选，2018. 论教育实证研究的本质溯源与未来发展路径 [J]. 广州广播电视大学学报，18（4）：27-32.

王春丽，顾小清，2015. 形成基于证据的教育研究文化："全国首届教育实证研究论坛"综述 [J]. 中国远程教育，12：5-11.

殷瑛，郭声健，2014. 我国音乐教师教育研究的现状与走向 [J]. 中国音乐，4：177-183.

尹弘飚，2017. 教育实证研究的一般路径：以教师情绪劳动研究为例 [J]. 华东师范大学学报（教育科学版）35（3）：47-56.

基于题库应用视角的统计基础课程教学改革探索

李元忠

摘 要 ·······························

　　在我国，职业教育越来越得到社会的认同，课程建设遍地开花，教学改革成绩斐然。随着时间的推移，我们发现，充分调动教学双方的积极性，提升教学效果才是课程建设成功之基。本文从建设应用题库的角度分析训练方式、考试方式，寻求提高教学双方积极性的有效措施，设计出与所建设学科匹配的课程题库，全面推行教考分离，实施"广角"线上练兵的有效措施，并提出统计基础试题库后续建设的方向及目标。

关键词 ·······························

　　题库；统计基础；教学改革

一、统计基础课程教学改革背景

改革开放以来，职业教育为我国经济社会发展提供了有力的人才和智力支撑，服务经济社会发展的能力和社会吸引力不断增强。随着我国进入新的发展阶段，产业升级和经济结构调整不断加快，各行各业对技术技能人才的需求越来越紧迫，职业教育的重要地位和作用越来越凸显，倍受社会关注和认同。

在职业教育改革的浪潮中，眉山职业技术学院奋起直追，专业重组、人才培养方案调研、课程设计、在线课程建设、教考分离、"一师两做"、"一师两赛"等教学改革如火如荼。"统计基础"是财经类专业一门重要的专业基础课程，也是学生普遍感觉"难啃"的课程之一。表1为眉山职业技术学院"统计基础"课程成绩统计表。

表1　眉山职业技术学院"统计基础"课程成绩统计表

年级	考试人数（人）	平均成绩（分）	及格率（%）	优生率（%）
2016 级	99	74.68	96.97	29.29
2017 级	136	74.15	97.06	29.41

从表 1 的统计数据来看，教学效果良好。但作为课程教学的亲历者，笔者认为教学效果并不乐观，与"为后续专业课提供有效服务"的课程目标相比、与越来越高的人才培养标准相比、与越来越高的社会需求相比，还存在很大差距。统计基础课程教学改革势在必行，经过总结分析，统计基础课程教学效果一般的原因主要体现在以下两方面：

第一，考核成绩公信度低。2018 年以前，眉山职业技术学院"统计基础"课程考核包括平时表现、技能（学生任务）、期末考试等标配项目，项目构成科学，符合教学规律和现代职教理念。但各项目成绩并不乐观，原因在于老师手工阅卷时，评分标准受主观因素影响较大，客观性不足，因此公信度不高。

第二，学生缺乏学习动力。学生对课程的学习热情是影响教学效果最重要的因素之一。教学，顾名思义，有教有学，以学为本。如果学生对课程没有学习动力和热情，成绩就会下降，且不能达到预期的教学效果。

要解决以上问题，学校财经专业委员会决定建设统计基础课程题库，实行教考分离，希望能找到提高教学双方积极性的良策，带动相关课程的全面改革。统计基础课程题库建设受到学校的高度重视，于 2018 年 7 月立项。

二、统计基础题库建设及应用方案

经过近一年的时间，包含 471 道小题的初始化题库建成，涵盖了课程标准要求的 7 章内容。其中，单项选择题 175 道，多项选择题 112 道，判断题 152 道，4 分值的计算分析题 12 道，10 分值的计算分析题 8 道，11 分值的计算分析题 12 道。期末试题组卷框架中包含单项选择题 25 道，每小题 1 分；多项选择题 5 道，每小题 2 分；判断题 15 道，每小题 1 分；4 分值的计算分析题 2 道，10 分值的计算分析题 2 道，11 分值的计算分析题 2 道。特别值得一提的是，我们把计算分析题作为独立的一章（第 8 章），这是项目研究的一个意外收获，在小范围业内属于首创，解决了题库组卷工作中题型和章节之间的冲突（计算分析题中很多是跨章节的，特别是综合性大题）。题库的承载平台为用友新道公司的虚拟商业社会环境 VBSE，这个平台可以实现按章节分题型随机组卷，选择题的选项也可以随机编排，还可以用零分题作为背景材料（见表 2）。

表 2　统计基础题库客观题题型分布

单位：道

章节	单项选择题	多项选择题	判断题
章节 1 统计概论	26	16	29
章节 2 统计调查	17	11	21
章节 3 统计整理	18	16	11
章节 4 综合指标	53	29	29
章节 5 时间数列	18	9	25
章节 6 抽样推断	16	10	12
章节 7 统计指数	27	21	25

表 3 中，4 分题代表小型专项计算分析题，如累计及频率计算题、居民消费品价格指数计算题等；10 分题是大型综合计算分析题（速度分析指标填表、区间估计、指数体系应用分析）；11 分题是大型综合计算分析题（统计整理分析、相对指标知二求三、动态分析）。如此分类可解决组卷时题型覆盖面不够广泛的问题。

表3　统计基础题库综合题题型分布

单位：道

章节	4分题	10分题	11分题
章节8 综合计算分析	12	8	12

　　根据题库成果（见表4），生成期末考试用试卷4套。其中，所有题型完全随机1套，客观题随机、计算分析题组合指定（半随机）3套；生成模拟期末考试试卷随机、半随机各1套；生成训练计算分析题用的专项模拟试卷1套（与考试用题型相同，但数据不同）；生成用于章节测试的单元试卷7套。基于这7套试卷，平时训练时将考试模式设置为"练习"（学生可对比答案），章节测试时再将其设置为"正式考试"。

表4　题库成果应用表

序号	试卷	应用	序号	试卷	应用
1	章节1 统计概论练习	课堂教学，学生练习	7	章节7 统计指数练习	课堂教学，学生练习
2	章节2 统计调查练习	课堂教学，学生练习	8	章节8 计算分析题练习	课堂教学，学生练习
3	章节3 统计整理练习	课堂教学，学生练习	9	模拟期末A （随机）	期末复习
4	章节4 综合指标练习	课堂教学，学生练习	10	模拟期末B （半随机）	期末复习
5	章节5 时间数列练习	课堂教学，学生练习	11	期末考试1 （随机）	期末考试
6	章节6 抽样推断练习	课堂教学，学生练习	12	期末考试2、3、4 （半随机）	期末考试

三、题库应用对统计基础课程教学的影响

　　统计基础试题库于2019年2月首版成型，并首次应用于2018级财务管理

班、2018 级会计 1 班、2018 级会计 2 班的"统计基础"课程教学。教考分离顺利实施。

每个班每周 2 学时用于平时练习，全学期进行 7 次单元机考（考试模式），期末考试实行机考（考试模式）。平时练习采用的是练习模式，学生可以查看得分、查询答案，三个班通过向系上申请，每周星期三下午在机房利用统计基础题库系统进行单元练习。教学过程中，各单元（章节）的学习结束后，会进行一次用时 15 分钟的单元考试。整个课程教学以人才培养方案为指引，以"统计基础"课程标准为指南，统计基础试题库得以全方位应用。

（一）对学生的影响

统计基础试题库用于教学后，学生进步明显。

首先，学生课堂出勤率开始增高，自习纪律井然。将试题库用于课程教学（自主测试）提高了学生的学习热情，使学习效果逐步达到预期。

其次，学生之间开始出现良性竞争。每次单元测验后，老师会记录学生的成绩，并公布前 10 名的名单。在以往的统计基础教学中，因为没有题库，老师无法系统地给每位学生记录分数，且分数受主观因素影响较大，公信度低。运用题库后，分数具有客观性，且公开透明，容易激发学生的学习热情，从而进行良性竞争。

再次，学生开始关注知识点和教学目标。随着单元测试的推行，学生也对老师讲的内容、要求掌握的知识点和技能进行总结。很多学生下课后还会主动找老师交流学习心得，希望老师对自己不懂的知识点和题目进行指导。这说明学生的学习兴趣已被充分调动，这为项目建设注入了强大的正能量。

最后，学生开始关注课堂教学。随着单元测试的推行，学生们也总结出，很多试题都是老师在课堂上讲解过的内容。如果没认真听，没有把握问题的实质，就不能成功解题，不能掌握知识要点。

（二）对教师的影响

统计基础试题库用于教学，有利于教师进步。

首先，单元测试实行机考，教师能及时掌握教学效果，给教学改革提供科学参考。实行机考以前，学生单元测试次数少，且人工阅卷需耗费很长的时间，导致教师不能及时掌握教学效果，不能及时发现教学中存在的问题并加以改进。将统计基础试题库用于教学后，在每个单元（章节）结束时都能进行测试，而且能够现场得出成绩，还能分析汇总出每道题的错误率及错误的具体原因，教师可根据这些数据进行有针对性的补充教学和相应的改革。

其次，促进教师规范教学内容。应用统计基础试题库后，会对每个单元（章节）进行测试，如果教学内容没安排好，课程标准中要求的内容没有完全覆盖，学生参加测试后就会质疑。单元测试犹如一个无形的监督者，专门监督课程标准实施情况。教师要把课备好，得先学习"统计基础"课程标准的相关内容，再查阅分析题库中这个章节的试题，最终确定教学内容和策略，尽最大努力实现课程标准、授课内容、测试题目"三兼容"。

再次，促进教师更加重视教学目标。应用统计基础试题库后，最显著的变化就是对每个单元（章节）进行测试，教学目标实现程度可以被量化，测试成绩可以说明一切。教师在编写教案、制订教学目标时必须慎重并进行深入研究探讨。实现课程标准、授课内容、测试题目"三兼容"，初步解决了制订教学目标针对性不强、求大求全、完成度低的问题。

最后，促进教师更加有效地关心学生。关心学生是提高教学效果的良策。应用统计基础试题库后，会对每个单元（章节）进行测试，对于测试成绩不理想的学生，教师可通过面谈给予提醒和帮助，并重点关心持续落后者。要根据学生的不同情况设计相应的谈话内容及指导方案。

（三）教学效果

首先，教学双方关系融通。应用统计基础试题库后，放宽给分尺度、给态度分、给人情分、给面子分的状况不复存在。学生要取得良好的成绩，除了依靠自身的努力外，还希望得到老师的帮助；而教师要完成自己的教学目标，必须要得到学生的认可和支持。双方有了共同的目标才能提高教学质量。

其次，教学双方的热情被激发出来。随着统计基础试题库的应用、教考分离的顺利实行，教学双方压力陡增。同学之间探讨问题、请教老师的情况越来越多，大家都对统计基础产生了热情。教考分离同样给教师带来了压力。教师只有认真钻研、努力提高教学质量，才能让学生学有所成。

最后，学生成绩提升明显。广泛应用统计基础试题库，特别是在成功推行单元测试练习和在高标准实行教考分离后，学生的期末考试成绩显著提高（见表5）。

表5　考试方式教学效果对比表

年级	考试方式	考试人数（人）	期末平均成绩（分）
2016 级	手工·自己评分	99	57.88
2017 级	手工·自己评分	136	57.11
2018 级	题库·教考分离	149	64.04

四、统计基础题库应用后续改革

（一）经典试题有待增加

由于经验不足加上研发时间仓促，目前的统计基础题库探讨价值偏低，吸引力偏低。增加更经典、更有探讨价值、更能吸引学生的试题是题库建设的努力方向。

（二）章节练习在线应用有待突破

基于用友新道公司的虚拟商业社会环境 VBSE 平台，试题库应用仅适用于局部网络的台式机，不能在公开网络共享，即不能在线自主练习。这影响了题库使用价值的发挥。

经过后期研发，已找到应急解决方案，即把统计基础题库转换到"超星学习通"平台上，学生可在线自主进行章节练习。但试题覆盖面不如 VBSE 平台理想。

（三）题库答案解析有待完善

目前，题库试题中仅有极少试题配有答案解析。因此，必须尽快完善相关信息搭建，给出简单易懂的、科学的答案解析。

（四）题库与课程标准协调统一

目前的统计基础题库与现行课程标准的配比度还有待提高，特别是对技能点的要求在题库中体现得还不充分。随着课程标准的进一步改革完善，课程标准中的每一个知识点、每一个技能点都应在题库中找到对应的支撑。

五、结论

综上所述，建设应用统计基础题库，能够提高统计基础课程教学双方的积极性，实行教考分离，让学生喜欢课程、热爱学习。统计基础课程题库建设得越完善、应用得越充分，统计基础课程教学效果才会越好。

参 考 文 献

佟雪红，贾倩，王加连，2019. 面向教考分离的高校试题库建设的实践与

探讨 [J]. 科技视界, 12: 129-130.

王晓辉, 2019. 基于职业能力培养的《市场调查与预测》试题库建设 [J]. 知识经济, 16: 156.

文平, 2019. 基于工作过程系统化《统计基础》课程改革分析: MOOCs 资源的课程建设 [J]. 智库时代, 34: 184-185.

文优梅, 2019. 高职理实一体课程题库建设与应用: 以"脉冲数字电子技术及应用"为例 [J]. 长沙航空职业技术学院学报, 4: 47-50.

张玉卓, 2019. "高职统计基础运用"课堂教学质量提升方法研究 [J]. 中国管理信息化, 23: 192-194.

小学校园实行普通话"单语制"的现状与思考

张百瑶

摘　要

《中华人民共和国宪法》和《中华人民共和国义务教育法》规定，在 2000 年前基本做到城市小学和县、镇小学以及乡中心小学在校内普及普通话，使普通话成为校园语言。目前，大中城市乃至区县小学已基本实现在全科教学中使用普通话，但是对"将普通话作为校园语言"这一要求的实现却不容乐观。本文以眉山市彭山区第二小学为调查对象，抽样对 30 名教师进行了实地调查，分析整理出小学校园实行普通话"单语制"的现状并对其思考，以供研究者参考。

关键词

小学；教师；普通话；单语制；校园

一、现状与结论

征得眉山市彭山区第二小学（以下简称"彭山二小"）的同意后，笔者抽样调研了30名教师，其中35岁以下的教师12人，35岁以上的教师18人，比重为2∶3，与全校80名教师中35岁以下教师和35岁以上教师占比相同。其中，语言类教师7人，数学及其他素质类学科教师21人，与全校80名教师中语言类教师和其他教师占比相近。通过与这部分教师进行直接谈话和对教师教育教学以及集体活动中使用语言现状情况的观察，可以看出，该小学教师将普通话作为校园语言的情况不容乐观。30名教师中，在校园内任何交际场合都使用普通话的只有2人，占6.6%；在教学和主要集体活动中使用普通话的有21人，占70%；只在课堂教学活动中使用普通话的有7人，占23%。另外，通过整理对校方主要领导和教务处询问记录以及收集到的反馈，笔者还得出以下几点结论：

（1）教师对普通话重要性的认识上存在不足与偏差。年轻教师（35岁以下）对于将普通话作为校园语言的认可度明显高于中老年教师。

（2）教师的普通话语音基础参差不齐。语文教师的普通话语音基础好于其他学科的教师；年轻教师的普通话语音基础好于中老年教师。

（3）教师的普通话语音受方言环境的影响较大。彭山二小地处眉山市彭山区凤鸣镇，其教师主要来源于本地，主要方言属于西南官话灌赤片岷江小片。此地还有少数乡村讲客家话。调查发现，无论是年轻教师还是中老年教师所受方言影响均较大，主要表现为讲普通话过程中受到入声字的影响以及习惯性夹杂一些方言词汇和口语表达。

（4）教师普遍未使用普通话交际、参加集体活动。通过对教师办公室交际场景和集体活动交际场景以及课下与学生交谈场景的观察，发现教师基本没有保持使用普通话的习惯。个别教师即使最初使用普通话，也会被其他讲方言的老师或者学生影响，因此难以形成全体说普通话的氛围。

（5）教师缺乏提升普通话水平的计划。教师个人没有对提升自己的普通话水平进行科学周密的计划，普遍缺乏自觉性和行动力。

二、思考与建议

（一）加强宣传，提高认识

俗话说，教育要从娃娃抓起，规范语言文字，更要从小学生开始。基础教育阶段是学生学习语言的黄金时期，小学教师必须意识到使用普通话参与整个教学、教育以及日常交流过程对学生的良好发展起到的奠基性作用。因此，进一步加强广大教师对"将普通话作为校园语言"重要性的认识，将"在校园使用普通话'单语制'"上升到提高学生综合素质的高度是非常重要的。学校层面可以利用各种机会强调我国的语言政策，使每个教师都从心底认同推广使用普通话的重要意义。教师应该非常明确小学阶段是儿童语言能力发展的关键时期。在这个时期，儿童接触最多的教师如果能时时讲一口标准、流利的普通话，必然会启发、引导儿童积极地学习普通话，这对于儿童形成良好的语言能力具有相当大的意义。另外，随着新时代的到来和科技的发展，随处可见的人机对话、机器翻译、AI技术无时无刻不在检验着作为新时代人类的基本技能——标准的普通话。而如果此时人们还在使用方言或者不标准的普通话，就有可能出现语音不被识别、电脑输出错别字、导航无法准确定位等。因此，推广和使用普通话势在必行。

（二）规范、统一语言环境

学校普及普通话可分为两个阶段。第一阶段，师生按要求掌握普通话，在教学和集体活动中使用普通话。第二阶段，师生在校园内使用普通话。在校园内使用普通话是为了给学生创造一个良好的语言环境，使师生形成说普通话的习惯。因此，教师除了使用普通话进行全科教学以外，在其他交际活动和集体活动中也应说普通话。学校领导应带头，在开会、办公、日常交际、集体活动中一律使用普通话。教师应在课上课下和面对家长时，将普通话贯穿到底，从而循序渐进，慢慢将普通话变为校园中唯一使用的语言，使普通话"单语制"贯穿整个校园。如此一来，潜移默化，教师、学生、家长、学校领导四位一体，让普通话顺利成为校园语言。

（三）建立健全管理和监督机制

可以从学校层面制定对教师普通话"单语制"的考核制度，严格考核，把考核成绩记入教师的业务档案，作为评价教师业务能力的一项依据；把是否贯彻普通话"单语制"与教师的期末、年终考核、评定职称等挂钩，而不再单以是否通过普通话二级甲等考试作为评判依据；另外，完善监督机制，鼓励教师自我监督和互相监督，奖惩有别，促使全体教师努力提高自己的普通话水平，自觉地使用普通话参与一切校园活动。

（四）形式多样地提高教师的普通话水平

首先，集体观摩优质语文课堂。语文课堂是教授规范语言文字基础知识的第一阵地，而教授规范语言文字基础知识则是推行规范语言文字的基础阵地。从声韵调、字词句、听读说写做起，是教好语文的关键，更是推行规范语言文字的关键。教师观摩语文课的过程，也是对照标准找问题、找差距的实践过程。其次，利用课余时间开展丰富多彩的集体活动。如将各类师生朗诵会、演讲会、故事会等转变成比赛的形式，提高教师的参与积极性，使推广普通话这项看似枯燥的工作在一系列生动有趣的活动中深入人心。再次，学校可以利用一切恰当时机举办普通话培训班，开设普通话教师口语课，培训推广普通话的骨干，表彰优秀，树立典型，营造氛围，使"普通话是校园唯一语言"成为广大教师的共识。

（五）帮助教师制订科学周密的训练计划

训练时间不用太长，关键在于持之以恒。可以以一周为训练周期，保证按时按量完成相应训练，每周进行训练总结，并找专业人士帮助自己查找不足。具体训练建议如下：①每天大声读 1~2 篇文章；②练习读基础绕口令；③练习读高级绕口令；④每天跟着新闻联播播音员做播音练习；⑤平日多和普通话好的同事、朋友交流；⑥基础打好后，开始背诵喜欢的文章或者演讲稿；⑦练习随口表达；⑧积极参加各种演讲比赛或者诗歌朗诵比赛，巩固成果。

2012 年 12 月 4 日，教育部、国家语言文字工作委员会共同发布了《国家中长期语言文字事业改革和发展规划纲要（2012—2020 年）》（以下简称《纲要》）。《纲要》提出了语言文字工作的总体目标："到 2020 年，普通话在全国范围内基本普及，汉字社会应用的规范化程度进一步提高，汉语拼音更好地发挥作用。语言文字规范标准基本满足社会需求，信息化水平进一步提高。语言文字社会管理服务能力全面提升，社会管理服务体系基本建成。各民族语言文字的科学保护得到加强。语言文字传承和弘扬中华优秀文化的作用进一步发挥。国家语言实力显著增强，国民语言能力明显提高，社会语言生活和谐发展。"此外，教育部副部长、国家语言文字工作委员会主任杜占元在 2018 年全国语言文字工作会议上提出："全面深入实施国家通用语言文字普及攻坚工程。'十三五'期间，实现国家通用语言文字基本普及，是党中央、国务院为语言文字工作确定的首要目标……西部地区重点是普及攻坚，有条件的省份要力争达到80%，基础较差的要确保提高到70%以上；特别困难的地方，要加大工作力度，采取多种办法，确保每个县域的普及率在现有基础上有较大幅度的提高，原则上到2020年特殊困难县域的普及率不得低于50%。"

三、结论

做好小学生语言文字规范化工作，是历史赋予教师的光荣使命。我们必须全体行动、人人参与，从孩子抓起，从教师自身做起，将普通话作为唯一的校园语言，为开创语言文字事业新局面，实现中华民族伟大复兴的中国梦做出贡献。

参考文献

把握新时代新要求 推动语言文字事业创新发展［EB/OL］.（2020-03-11）［2018-05-11］. http：//news. gmw. cn/2018-05/11/content_ 28732788. htm.

黄应秋，2002. 当前中小学教师普通话水平的现状与思考［J］.池州师专学报，16（2）：128-129.

李伍虎，2010. 农村中小学使用普通话的现状调查与思考［J］.吉林教育，2：35.

王崇英，2012. 普通话在小学语文教育中的重要性［J］. 读写算（教研版），2（9）：151.

小学教师使用规范语言文字的意义［EB/OL］.（2012-03-28）［2020-03-11］. https：//mzqzjwxx. 30edu. com. cn/Article/9c0c8aa5-18b0-4b9f-a0b0-8e3f12defd7b. shtml.

职业能力视角下的"蒙氏教育"课程教学设计

杨俊辉

摘　要 ···

　　"蒙氏教育"课程教学设计在现代职教理念的指导下，教学目标突出"职业能力"；课程内容以"项目"来进行组织设计；教学过程以"行动导向"为范式，实现"教、学、做"一体，强调实践性、开放性和职业性，强化学生的专业能力培养，拓展学生的思维，提高学生的职业能力。

关键词 ···

　　蒙氏教育；职业能力；项目教学；行动导向

"蒙氏教育"课程通常是学前教育专业的一门选修课,它是一门综合性教法课,也是素质拓展课。本课程综合了日常生活教育、感官教育、语言教育、数学教育、自然人文教育等教学内容,在课程的教学设计中以职业能力为目标,以行动导向为范式。本课程主要采取项目教学方法,教学过程以学生为中心,教师为主导,实现"教、学、做"的一体化教学。

一、教学目标突出"职业能力"

　　国家教育发展的战略主题是"以人为本、德育为先、能力为重、全面发展"。可见,职业教育的课程教学目标应以职业能力为重点。职业能力包括专业能力、方法能力和社会能力,专业能力体现了学生的专业特长,方法能力和社会能力则培养学生的生存能力和发展能力,是对学生进行人格和人性的教育。所以,职业能力的培养能促进学生感性素质和职业道德的培养。

　　专业能力是胜任工作的核心能力。在"蒙氏教育"课程目标设计中包含的专业能力主要有:能进行蒙氏教学环境的准备;能正确地走线,学会静寂;会使用蒙氏教具；熟练运用"三阶段教学法"进行蒙氏教学活动；能根据儿童年龄特点和敏感期设计工作，撰写教案；能有目的地观察幼儿，正确制作观察表；能利用观察表分析幼儿的发展情况，对幼儿做出正确的发展状况评估；能根据实际需要制作、拓展蒙氏教具；能运用蒙氏教育理念从事幼儿教育工作。

方法能力是基本的发展能力，要具备从事职业活动所需要的工作方法和学习方法，是在以后的职业生涯中获取知识与技能、掌握新方法的重要手段。课程目标设计表现在以下几个方面：能合理制定工作计划；能利用观察记录表评估教育教学效果；通过课前准备培养学生的自学能力和认识能力，学会查阅资料文献以获取有用信息；在项目实施中培养学生的决策和创新能力，以及解决问题的能力；在总结评估中学会分析、归纳、总结和反思。

社会能力是基本的生存能力，是构建社会关系、对社会负责任、团队合作、诚实守信以及与人相处的能力。课程设计中包括：培养学生热爱幼儿、尊重幼儿，热爱幼儿教育的职业理想；做一个充满活力、有趣味、容易亲近、让幼儿喜爱的人；培养学生负责任、有耐心、谦虚、宽容的品质；能描述工作计划和进行工作总结，交流问题解决经验，培养学生的语言表达能力、沟通能力和专业自信心；引导学生积极合作，能根据项目任务进行合理的分工，能服从组长的统一安排，培养学生的团队合作精神。

二、课程内容以"项目"来进行组织设计

项目是课程教学内容的主要载体，是以实际职业活动为背景，按照认识论要求改造过的一项具体的工作。项目分为大型综合项目、子项目、小项目。大型综合项目用于训练学生的综合能力、引导学生学习系统的专业知识、培养学生的团队精神和良好的职业道德，在课程教学设计中占有非常重要的地位。小项目或子项目用于学生学习一项专业技能或解决某个具体的问题，或是从大型

项目中分解出来的，或是独立设置的，它与大型项目相互配合，共同承载课程教学任务，以达到预定的教学目标。

"蒙氏教育"课程教学设计分为课内项目和课外项目，双线并行。课内设计一个大型综合项目——"'儿童之家'幼儿园的蒙氏主题活动"作为课程内容的主要载体贯穿始终；课外设计了两个项目——一个单一项目，一个综合项目。课内项目和课外项目相辅相成，都对培养学生的蒙氏教育职业能力有着重要的作用。

"蒙氏教育"课内大型综合项目"'儿童之家'幼儿园的蒙氏主题活动"作为课程内容的主要载体贯穿始终。它是按照典型的蒙氏幼儿教育工作过程来构建"学习领域"和"学习情境"，形成围绕幼儿教育工作过程的一个大型综合项目。该项目以训练学生的蒙氏教育综合职业能力为主要目标，可以分解为四个子项目——环境准备、活动准备、小组教学或个别教学、幼儿学习活动。四个子项目再分解为十一个小项目：环境准备分解为环境布置和教具制作两个小项目；准备活动分解为走线活动和静寂活动；小组教学或个别教学分解为日常生活教育（基本动作、照顾自己、照顾环境、社交礼仪）、感官教育（视觉、触觉、听觉、味觉、嗅觉）、数学教育（算数、代数、几何）、语言教育、自然人文教育五个小项目；幼儿学习活动分解为观察、教师介入与指导两个小项目。小项目训练学生的单项能力，而综合项目是一个典型的、完整的职业工作任务，训练学生的实际综合工作能力。

课外项目辅助课内项目，既可弥补课内的不足，也可巩固课内学习的知识和练习学会的技能，还可拓展学生的方法能力和社会能力。课程设置了两个课外项目：为一个3岁的幼儿设计一项工作（项目一）和"儿童之家"主题活动设计（项目二）。项目一是对学生进行单项技能的训练，但其中却包含了多项知识和技能。要做这个项目既要考虑幼儿的年龄特点，知道该年龄幼儿的能力发展状况，熟悉《3-6岁儿童学习与发展指南》，又要了解蒙氏教学项目的适合年龄、教学目的、活动准备、基本操作、创造性操作活动等内容。项目二是一个综合性项目，它的设计在时间上滞后于课内项目，且要求略有不同，目的是让学生在课内项目学习后进行巩固练习和拓展训练，推动学生的创新应用。

三、教学过程以"行动导向"为范式，实现"教、学、做"一体

在职业教育领域，行动导向不是一种具体的教学方法，而被理解为一种教育范式。该范式主张根据完成某一职业工作活动所需要的行动以及环境条件与从业者的内存调节机制来设计、实施和评价职业教育的教学活动。以行动为导向的学习应尽可能地实现某种可以描述、可以展示的结果，而且该结果是能够使用的，具有实用价值。在这里，行动是学习的出发点、发生地和归属目标，职业性的行动是以典型职业工作过程为载体，让学生在职业活动过程中促进专业化能力的发展，这也是一个不断进步和形成终生学习能力的具体过程。

行动导向包含多种教学方法，这里以项目教学法为例，通过日常生活教育中的"照顾自己"单元的教学来谈谈如何实现"教、学、做"一体。

日常生活教育是蒙氏教育的起点，也是蒙氏教育的中心课程之一，包括动作练习、照顾自己、照顾环境、社交礼仪四个部分。日常生活教育是让儿童通过"与日常生活息息相关"的动作练习，不断缩短儿童与环境之间距离的实践教育，借此促进儿童的心理发展与生理成长，促使其形成独立人格。日常生活教育中的"照顾自己"单元教学采用项目教学法，分为以下五个教学阶段：确定项目任务、制定计划、实施计划、检查评估、归纳整理。

（一）确定项目任务

首先由老师提出项目任务——蒙氏教育活动"照顾自己"，然后由学生讨论该项目所需要的相关知识、资源、能力、目标等内容，再由老师设置四个问

题引导学生思考。第一，儿童要学会照顾自己，需要对哪些项目进行练习？学生通过讨论可以知道，照顾自己包括：对携带物品的整理、对东西洒落时的处理、照镜子、梳头发、擤鼻涕、穿衣、脱衣、叠衣服、穿鞋、脱鞋、洗脸、洗手、喝水、吃饭、擦嘴、漱口、刷牙、剪指甲、如厕、叠被子等活动。第二，幼儿通过这些练习要达到什么样的目标？①训练幼儿掌握基本生活技能，养成良好的生活习惯。②训练幼儿大小肌肉的灵活性、手眼协调能力、初步的自控能力。③培养幼儿的独立性、自主性、专注力和自信心。④训练幼儿的社会适应能力，学会做事，学会生活。第三，通过对本单元的学习，我们会做什么？（本单元的教学目标）掌握日常生活教育中"照顾自己"的主要活动内容，了解相关蒙氏教具的适用年龄和教育目标，能开展"照顾自己"的日常生活教学活动，能根据儿童年龄特点和敏感期设计工作，撰写教案。第四，需要的资源有哪些？即准备什么样的环境，需要哪些教具等。

（二）制订计划

按照一个班级40人来计算，每8人一组共分成五个小组。学生分小组推选小组长，制订项目工作计划，确定工作步骤和程序。基于蒙氏教育的特点，各小组的工作计划可以不相同，最好各有特色，也可拓展教具，但应符合教育规律，符合职业特点。所有计划最终需得到教师的认可才能实施。对于设计不合理或有缺陷的设计，教师有针对性地提出问题，小组共同探讨解决办法，经过适宜的修订后方能实施。

（三）实施计划

按照小组制订的工作计划，确定小组成员在小组中的分工以及小组成员的合作形式，然后按照已经确立的步骤和程序进行工作，实施项目。项目的实施过程也是学生边学边训的过程，虽然学生之前做过准备、预习，也查阅过相关资料，做了一些教学设计，但都基于理论层面，实际实施过程中可能会产生很大的差异和不同的效果。所以，在项目实施过程中，教师要实时观察、指导，如果学生需要也可进行示范、讲解。教师还可在学生实施的过程中临时设置一些情景，观察学生随机应变的能力，因为突发状况在幼儿教育中经常出现。

项目的实施要按照职业工作情境和管理规范要求来进行，要转变师生身份，让学生有决策空间和创新空间，使学生在边做边学、边学边训中获得知识和能力，创造性地完成项目任务。

（四）检查评估

学生分小组对项目的工作执行情况和结果进行总结和评估，检查计划中的活动是否遵守规则，是否按计划进行，确定的目标是否实现。对遇到的问题要进行阐述，并说明解决的办法和可能达到的效果。教师对学生的项目开展情况要进行检查评价，如小组成员是否积极投入，是否具有团队合作精神，对待不同意见是否能换位思考，是否有开放的心态和学习精神等，并分析学生在项目执行过程中出现的共性问题和典型问题，评价学生解决问题的方法、思路和技巧，对学生的创新做法进行分享或提出改进建议。

（五）归纳整理知识，提升学习效果

在最后的总结中对本单元的学习内容进行梳理，对相关理论知识、职业技能等进行系统化的归纳、整理，把零散的知识纳入课程知识框架内，让学生所学的知识系统化，并上升到一定的理论水平。学生的学习从理论到实践（课前准备），实践到理论（课内学习），再从理论到实践（课外项目），是一个螺旋上升的过程。这个过程有助于更好地实现职业教育的目标，逐步把学生培养成为具有高素质的专门人才。

四、结论

"蒙氏教育"课程教学设计在现代职教理念的指导下，通过对教学思路的创新，突出职业能力目标，通过项目教学，实现理论教学与实践教学的相互渗透，相互结合。边学边训，融"教、学、做"为一体，强调教学过程的实践性、开放性和职业性，以及学生校内学习与职业工作的一致性，强化学生的专业技能训练，拓展学生的思维方式，培养学生的蒙氏幼儿教学能力，提高学生的职业能力和幼儿教师专业素养。

参考文献

戴士弘，2012. 职教院校整体教改［M］. 北京：清华大学出版社.

刘迎杰，2015. 蒙台梭利教学法［M］. 北京：高等教育出版社.

罗怡，2013. 跟蒙台梭利学做幼儿教师［M］. 武汉：湖北教育出版社.

蒙台梭利，2018. 蒙台梭利儿童教育手册［M］. 葛文婷，译. 杭州：浙江工商大学出版社.

杨俊辉，2017. 蒙氏教师的职业能力探究［J］. 才智，19：118.

加强高职学生演讲与口才技能锻炼的途径

张　民

摘　要 ···

　　培养演讲与口才技能有助于增强高职学生成才的信心，促进其综合素质的提高，强化其就业技能。针对高职学生在培养演讲与口才技能实践中出现的问题，其一要重视培养学生自身能够"讲"的能力；其二要对院系演讲活动从内容到形式进行研究探讨；其三要注重常规练习，持之以恒。

关键词 ···

　　演讲；口才；高职学生；问题；锻炼

一、研究背景

高职教育是高等教育的重要组成部分，是以培养高素质技术技能人才为目标的教育。演讲与口才训练主要培养与人交流的核心职业能力，加强对高职学生演讲与口才技能的训练，极具现实意义。

首先，提高口语表达能力有助于学生增强成才的信心。让学生以积极的心态面对和接受职业教育，是帮助学生成长的第一步。锻炼学生的口语能力，即帮助他们从"敢说"向"会说"发展，有助于他们在多种场合自信、得体地表达和表现自己，从而消除消极心理，增强成功和成才的信心。

其次，演讲与口才技能是一个人整体素质的综合体现。演讲能力的提升需要以敏锐的观察、丰富的联想、较强的记忆力为支撑，使其表达声情并茂，节奏变化有致，语言平易亲切又精练明了、生动活泼又富有逻辑。而口才不仅是口上之才，更是一个人德才学识的综合展示。因此，训练演讲技能，可以高效率地提升学生口语表达的能力。通过培养演讲与口才能力可以促进一个人综合素质的提升。

再次，演讲与口才技能是职业工具箱中重要的工具。能力是职业成功的核心因素之一。口才是一种综合能力，被视为衡量人才的客观标准。我国现代化的进程加快，更加强调一个人在职场中的沟通与协作能力，因此训练演讲与口才技能，有助于学生增强社会交往与合作能力，赢得更多的机会。

二、培养高职学生演讲与口才技能中的问题及解决途径

问题之一：在校园演讲比赛活动中，有些参赛者请他人带为撰写讲稿，而参赛者自己只登台"表演"为集体争名次。这种现象时有发生。演讲的本质不是表演活动，演讲者面对公众，表达的应该是自己的立场和主张。如果演讲活动的组织者只看重学生演绎表演的技能，而不注重引导学生关注社会和生活，进入深入思考，演讲就很难发挥其作用，师生们也会失去参与的热情。

校园演讲活动，既要锻炼学生临场"演"的技能，更要重视培养学生"讲"的能力。

问题之二：在校园演讲比赛活动中，一些参与单位会让有演讲经验的同学代表参赛，这样做省时省力，获奖也更有把握。笔者认为：能吸引更多学生积极参与活动，远比组织校园高手的赛事活动更有意义和价值。

为避免校园演讲活动成为少数选手们又一轮的竞赛活动，演讲从内容到形式都值得研究。

在对演讲与口才技能的培训中，对思路方法的训练尤为重要。要想提升演讲与口才技能，可以从思路入手，做到以下两点。

1. 寻找思路

初学演讲的人在拿到一个演讲题时，多困惑于难以展开思路，此时可借鉴托尼·布赞的方法：首先通过对这个题目的思考而产生思路，再沿着这些思路

来准备演讲；同时训练自己在横向和纵向两个层面进行思考。训练方法如下：在一张空白纸的中央画一个方框，写上演讲的题目；然后把主要想法写在从中央方框辐射出来的线条上；主要思路触发了新思路，就把新思路作为主要思路的分支写下来，同时给新思路留下足够的空间；继续保持创造性，使思路不断涌现，记下每一个思路，即使是异想天开、不切实际的思路。这种方法，能使头脑彻底解放，产生尽可能多的思路，利于最后择优而用。对于演讲而言，则可以在宏观上指导演讲的方向，使演讲的内容能够围绕一个主题，有层次、有逻辑、有创新地开展，避免出现无话可讲的情况。

2. 拓展思路

有三种拓展思路的方式。①倒转思维，即反过来思考，变肯定为否定，或变否定为肯定。这种训练有利于思路出新，使演讲不落俗套。②交错思维，即对同一材料进行纵向、横向、多角度的思考。这种训练有利于找出事物发生发展的规律，引出发人深思的见解。③三点式思维，即就论题而言，如果演讲时间长，可谈三个问题，时间短，就谈一个问题的三个方面；就论述而言，也可以依照这个模式，先表明中心点，接着纵向引申，再转换角度拓展。三点式思维让演讲者即使面对即席演讲，也能从容不迫，成竹在胸。

三、关于演讲内容

演讲的灵魂是主题。为了让更多学生参与校园演讲活动，让演讲真正发挥积极作用，就要慎重选择演讲主题，并注意以下三个方面。

1. 选择听众普遍关注和急需解答的问题作为主题

例如，对于快速发展中的学校在管理工作中面临的问题，是抵触抱怨，还是提出分析和建议？演讲者若能以主人翁的姿态进行表述，则更容易引起共鸣。再如，对于爱国主义、奉献一类的传统话题，有一些选手总喜欢罗列史料，空喊口号。如果演讲者对时代正气，联系现实中鲜活的人与事进行颂扬，演讲就不会缺少掌声与喝彩。

2. 选择有独到见解的主题

在我们的校园演讲中，有许多关于理想、职业、成才之类的话题。如何让演讲的内容独具风采？有三个基本技巧：提出的观点鲜明醒目；切入问题的角度让人耳目一新；表达的感受能激发同学们潜伏在内心的渴望与追求。

3. 选择自己熟悉并能驾驭的主题

演讲内容最好为演讲者熟悉且有切身体会的。如果选择主题不务实，好高骛远，那么不论写稿还是演讲，都会费力不讨好。

四、关于演讲形式

演讲的形式要注意以下两点。

1. 规模大

每一次校园演讲活动都可以把参与和观摩结合起来。譬如活动可以从小组到班集体，从系到学校分层组织，把规模扩大；同时为了体现重在参与的原则，可以规定参加校园演讲大赛的学生，不能只是以往的佼佼者，还应有更多新面孔。这也是扩大规模的一种方式。

2. 形式多

可以将即席式演讲和拟稿式演讲相结合。即兴式演讲比拟稿式演讲对学生的素质要求更高，演讲更具有真实性，也更具有现场的吸引力。即兴演讲的时间一般只有主题演讲的一半或更少，所以就一场演讲活动来说，可以增加选手的数量来延长演讲时间、丰富演讲内容。比如可以先准备 30 个题目分发到各班，即兴演讲时，学生抽取题目，准备两三分钟就上场。场上场下的气氛既紧张又热烈。

提高高职学生演讲及口才技能，不是一蹴而就的，即使每一次校园演讲活动组织得扎实有效，也只是实训学生口语表达能力的一个重要途径，要提高学生的演讲及口才技能，不能止于开展演讲赛事活动，还应持之以恒地进行常规练习，并把课外活动做得有声有色。

1. 课前一分钟演讲

刚进校门的高职生在正式场合或陌生的集体中发言，会觉得紧张或不自信。因此，训练的主导者，首先应该使学生清楚地认识自己"不能讲"或"不会讲"的症结何在：是知道的少，懂得的少，怕说出的话错误多，就干脆不讲？还是也有看法，但是却受困于口头表达能力弱？造成这些问题的原因主要是自卑心理，学生过分在乎自己的缺点和不足。这些都可以通过加强实践训练来改变。

课前一分钟演讲就是一种很好的训练。

课前一分钟演讲的关键是要在师生之间、学生之间产生互动交流。教师要注意把握契机，启发引导学生，让他们切实感受到，只有在生活中才能捕捉到层出不穷的精彩话题。

课前一分钟演讲贵在坚持，可以是自由话题，也可以确定主题，或者将两者结合起来做练习，循序渐进。演讲的形式可以多样化，如形象地描述生活片段、事件场景，对人物事件、社会现象流行观点发表自己看法，对读到或听到的材料整理复述，对自己感兴趣的事物或事理加以说明阐释。

2. 建设形式多样的口语训练展示舞台

教师可以配合班级与学校的教育教学内容，目标明确地开展相应的课外活动。例如：

（1）配合普通话教学与等级检测，进行朗读、即兴说话、讲故事等活动。朗读、朗诵对于口语表达技能的提高是一种有效的途径。

（2）"每月一主题，每周一活动"，对高职生面试情景、职业口语交际场景等进行模拟。

（3）组织班级内部或班级之间的学生开展辩论。辩论的形式可以分为两类：

①自由辩论。这种形式可以穿插在相应的课堂教学中。话题可以从学科内容延伸到当前的社会与文化问题。

②小组对抗赛。辩论题目可从全班收集，学生们自由选择题目并组合成队，每队 8~10 人进行小组辩论。这种形式极具挑战性和激励性。

（4）将适合的课程或社团组织的相关活动改编成剧本并表演。学生们的创意表现往往令人惊叹，也能为自己和学校赢得殊荣。

五、结论

提高学生口语表达的重要性正在日益被大家所认识。所以我愿以此文抛砖引玉，与有志高职教育的同事们一同探讨。

参考文献

方位津，2009. 跟我学口才：实用口才训练教程 [M]. 北京：首都经济贸易大学出版社.

欧阳友权，朱秀丽，2013. 实用口才训练 [M]. 4 版. 长沙：中南大学出版社.

杨国良，2005. 大学生演讲与口才 [M]. 南京：江苏教育出版社.

第二章

技术研究与应用

超声波辅助提取油橄榄果渣多酚工艺优化

谢碧秀

摘　要 ···

本文采用超声波辅助提取工艺，研究浸提时间、乙醇浓度、料液比和浸提温度对油橄榄果渣多酚提取率的影响。在单因素试验的基础上，通过正交试验对提取条件进行了优化，得到了在超声波功率为250W时，油橄榄果渣中多酚的最优提取工艺：浸提时间为60min，乙醇浓度为80%，料液比为1∶19（g/ml），浸提温度为50℃，经过脱水的阿布桑娜品种的袋装油橄榄果渣多酚提取率为0.2648%；浸提时间为45min，乙醇浓度为80%，料液比为1∶24（g/ml），浸提温度为50℃，未经脱水的豆果品种的瓶装油橄榄果渣多酚提取率为0.386 5%。

关键词 ···

油橄榄果渣；多酚；超声波；提取

油橄榄（Olea europaea L.）为木犀科木犀榄属常绿乔木，是世界著名的木本油料兼果用树种。油橄榄起源于小亚细亚，公元前 4000 年在希腊克里特岛开始种植，后来流传于地中海沿岸国家，如希腊、意大利、土耳其、西班牙、突尼斯等国。目前全世界生长着 8 亿多株油橄榄树，其中西班牙 2 亿株，意大利 1.8 亿株，占世界栽培总数的一半。我国从 1956 年开始陆续引种油橄榄，现种植面积约 3 万公顷（1 公顷＝0.01 平方千米），主要集中在甘肃、四川等地。油橄榄果虽可加工成素有"植物油皇后"之称的橄榄油，但在榨油过程中产生的废渣和废水中富含裂环烯醚萜类、多酚类和其他酚类组分。多酚类中的橄榄多酚具有预防冠心病、降血压、降血脂、降血糖的功能，但由于生产技术薄弱，厂家无法从废液废渣中提取有效成分，导致了资源的浪费、环境的污染。

　　国内对油橄榄叶中多酚类物质的提取方法很多，如加热回流提取、微波辅助提取、超声波提取。这些方法同样适用于油橄榄果渣中多酚类物质的提取。但目前还无应用超声波的报道。超声波提取是利用超声产生的强烈振动和空化效应，加速植物细胞内物质的释放、扩散并溶解到溶液中，从而达到分离的目的，具有提取效率高、提取时间短、提取温度低、提取液杂质少、提取工艺运

行成本低、适应性广、操作简单易行、综合效益显著等优点。本研究以四川西
昌地区油橄榄果渣为原料，采用超声波辅助提取工艺，研究不同因素对多酚提
取率的影响规律，并通过正交试验优化提取工艺，为超声波辅助提取技术在油
橄榄果渣多酚提取中的应用提供依据。

一、材料与方法

（一）试验材料

油橄榄果渣由凉山州中泽新技术开发有限责任公司提供。袋装果渣的品种
为阿布桑娜，果实经过常温压榨、油水分离、脱水后产生的果渣被立即装袋、
真空包装，并在-20℃下保藏；瓶装果渣的品种为豆果，果实经常温压榨、油
水分离后未脱水的果渣被立即装袋、真空包装，并在-20℃下保藏。

（二）试剂与仪器

试剂：蒸馏水；正己烷、无水乙醇、碳酸钠、Folin-Ciocalteu 试剂等均为分
析纯试剂，由成都市科龙化工试剂厂生产；没食子酸标品，由中国医药上海化
学试剂公司生产。

仪器：UV-18000 紫外可见分光光度仪，由翱艺仪器（上海）有限公司生
产；SB-5200 超声波清洗仪，由宁波新艺生物科技股份有限公司生产；ATL-
124 分析天平，由德国赛多利斯集团生产；DUG-924GA 电热恒温鼓风干燥箱，
由上海精宏实验设备有限公司生产。

（三）试验方法

1. 单因素试验

浸提时间对提取率的影响：精确称取 2.0g 经解冻的袋装原果渣（或瓶装果
渣）5 份，按料液比 1：14（g/ml）加入 70% 的乙醇 28ml，在功率为 250W，

60℃下分别提取 15min、20min、35min、45min、55min，离心，收集上清液，再加 7ml 正己烷萃，收集下层清液，定容到 50ml，测定多酚含量。

乙醇浓度对提取率的影响：精确称取 2.0g 经解冻的袋装原果渣（或瓶装果渣）5 份，按料液比 1∶14（g/ml）分别加入 10%、30%、50%、70%、90%的乙醇 28ml，在功率为 250W，60℃下提取 55min，离心，收集上清液，再加 7ml 正己烷萃取，收集下层清液，定容到 50ml，测定多酚含量。

料液比对提取率的影响：精确称取 2.0g 经解冻的袋装原果渣（或瓶装果渣）5 份，分别按料液比 1∶4、1∶9、1∶14、1∶19、1∶24（g/ml）加入 70%的乙醇 8ml、18ml、28ml、38ml、48ml，在功率为 250W，60℃下提取 55min，离心，收集上清液，再加 7ml 正己烷萃取，收集下层清液，定容到 50ml，测定多酚含量。

浸提温度对提取率的影响：精确称取 2.0g 经解冻的袋装原果渣（或瓶装果渣）5 份，按料液比 1∶19（g/ml）加入 70%的乙醇，超声波功率为 250W，分别在 20℃、30℃、40℃、50℃、60℃下提取 55min，离心，收集上清液，再加 7ml 正己烷萃取，收集下层清液，定容到 50ml，测定多酚含量。

以上各试验均重复 2 次。

2. 正交试验

根据单因素试验与分析结果，对各因素进行正交试验设计，并进行统计分析，以获得更优、更合理的提取工艺。

3. 含量测定

采用 Folin-Ciocalteu 比色法在 765nm 波长处测定不同浓度的没食子酸标准溶液的吸光值，以吸光度值（y）为纵坐标，标准溶液浓度（x）为横坐标，得到回归方程式 $y = 5.169\,7x$（$R^2 = 0.999\,0$），没食子酸标品在 $0 \sim 0.275mg/ml$ 浓度范围内与吸光度呈良好线性关系。以试样替代没食子酸溶液测定吸光值，根据绘制的标准曲线方程计算多酚含量（以没食子酸计），经进一步计算即得多酚提取率。

提取率 $y = CV/N \times 100/1\,000$

式中：y 为提取率（%）；C 为提取原液中多酚的浓度（mg/ml）；V 为提取多酚液总体积（ml）；m 为橄榄果渣质量（g）。

二、结果与分析

（一）多酚提取工艺的单因素试验

1. 浸提时间对提取率的影响

浸提时间是影响多酚提取率的重要因素之一，浸提时间过短，多酚浸出不完全；浸提时间过长，多酚氧化降解速度可能大于溶出速度，且杂质的溶出量增多，产品的纯度降低，提取率将会降低。从图 1 可以看出，袋装的经过脱水的阿布桑娜果渣中多酚类物质的提取率随着时间的增加而提高，在时间达到 55min 时提取率达最大值，故选 55min 为最佳浸提时间。随着浸提时间的延长，瓶装的未经脱水的豆果果渣中多酚类物质的提取率呈先上升后下降的趋势，在 45min 时，提取率最高，因此选用 45min 为最佳浸提时间。

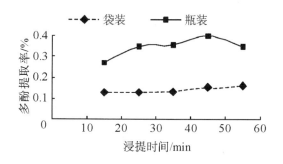

图 1　浸提时间对多酚提取率的影响

2. 乙醇浓度对多酚提取率的影响

在植物体内，多酚与蛋白质、多糖与氢键、疏水键相连形成化合物，乙醇能够使氢键断裂从而分离出多酚。从图 2 可知，在乙醇浓度为 10%～70% 时，两种果渣中多酚的提取率均随着乙醇浓度的提高而增加；在乙醇浓度为 70%～90% 时，随着乙醇浓度的增加，多酚的提取率降低。分析原因为浓度过高的乙醇溶剂不仅不能强有力地破坏氢键，还会使蛋白质变性，降低果渣的渗透性；乙醇体积分数过低，糖类等水溶性杂质的浸出率就较高，多酚的提取率则较低。故提取两种果渣多酚的最适宜乙醇浓度为 70%。

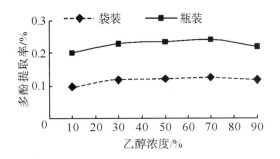

图 2　乙醇浓度对多酚提取率的影响

3. 料液比对多酚提取率的影响

多酚的提取过程中，料液比较小时，溶液的浓度较大，分子扩散速度低，提取率小；随着料液比的提高，提取液中多酚的浓度降低，使更多的多酚从果渣中释放出来，提高了提取率；当达到最适宜的料液比后，溶液中的多酚浓度和果渣中多酚的浓度相当，提取率趋于平衡。由图 3 所示，袋装果渣的多酚提取率随着料液比的增加而上升，当料液比超过 1：19（g/ml）时，提取率开始下降；瓶装果渣多酚的提取率随着料液比的增加持续提高，当料液比达到 1：24（g/ml）时，提取率最高。因而提取袋装的阿布桑娜品种果渣多酚和瓶装的豆果品种果渣多酚时，最佳料液比分别为 1：19（g/ml）和 1：24（g/ml）。

4. 浸提温度对多酚提取率的影响

温度是决定化学反应速率的主要因素之一。根据"有效碰撞理论"，升高温度，分子获得更高的能量，单位体积的活化分子数增加，有效碰撞频率提高，

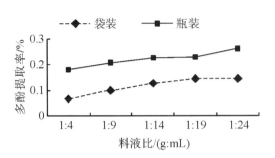

图 3 料液比对多酚提取率的影响

反应速率也随之加快。在一定温度范围内，较高的温度有利于有效成分的提取。但随着温度的进一步提高，原料中的蛋白质变性凝固，将会阻碍有效成分的溶出，从而降低提取率。如图 4 所示，袋装果渣中多酚的提取率随着温度的提高而持续增加。在温度为 20℃~50℃时，瓶装果渣中多酚的提取率随着温度的升高而增加；当温度超过 50℃后，提取率有所降低。由此得到提取袋装和瓶装果渣中多酚的最适宜温度分别为 60℃和 50℃。

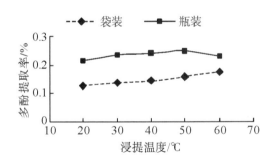

图 4 浸提温度对多酚提取率的影响

（二）多酚提取工艺的正交试验

根据单因素试验与分析结果，结合实际，分别对袋装的阿布桑娜和瓶装的豆果果渣采用 $L_9(3^4)$ 正交表对浸提时间、乙醇浓度、料液比和浸提温度进行 4 因素 3 水平的正交试验，以此优化油橄榄果渣中多酚类物质超声提取的最佳条件。袋装果渣的因素水平表为表1，极差分析见表2；瓶装果渣的因素水平表为表3，极差分析见表4。

表1 袋装果渣正交试验因素水平表

水平	因素			
	A 浸提时间/h	B 乙醇浓度/%	C 料液比/（g/ml）	D 浸提温度/℃
1	50	60	1：16	50
2	55	70	1：19	55
3	60	80	1：21	60

表2 袋装果渣正交试验极差分析结果表

试验号	因素				提取率
	A	B	C	D	
1	1	1	1	1	0.160 8
2	1	2	2	2	0.147 0
3	1	3	3	3	0.205 6
4	2	1	2	3	0.130 2
5	2	2	3	1	0.173 5
6	2	3	1	2	0.207 5
7	3	1	3	2	0.156 1
8	3	2	1	3	0.135 8
9	3	3	2	1	0.263 6
$\overline{K_1}$	0.171	0.149	0.168	0.199	
$\overline{K_2}$	0.170	0.152	0.180	0.170	
$\overline{K_3}$	0.185	0.226	0.178	0.157	
R	0.015	0.077	0.012	0.042	

由表2可知，各因素的极差大小顺序为 B>D>A>C，由此可得出4因素对袋装的脱水后的阿布桑娜品种油橄榄果渣多酚提取率的影响先后顺序为乙醇浓度>

浸提温度>浸提时间>料液比。在考虑生产成本的基础上确定最优的提取工艺条件
为 $A_3B_3C_2D_1$，即浸提时间为 60 min，乙醇浓度为 80%，料液比为 1：19（g/ml），
浸提温度为 50 ℃。在该优化条件下平行试验 3 次，多酚平均提取率为 0.264 8%。

表 3　瓶装果渣正交试验因素水平表

水平	因素			
	A 浸提时间/h	B 乙醇浓度/%	C 料液比（g/ml）	D 浸提温度/℃
1	40	60	1：23	50
2	45	70	1：24	55
3	50	80	1：25	60

表 4　瓶装果渣正交试验极差分析结果表

试验号	因素				提取率
	A	B	C	D	
1	1	1	1	1	0.235 5
2	1	2	2	2	0.267 5
3	1	3	3	3	0.341 5
4	2	1	2	3	0.270 6
5	2	2	3	1	0.280 0
6	2	3	1	2	0.334 7
7	3	1	3	2	0.215 1
8	3	2	1	3	0.202 2
9	3	3	2	1	0.358 2
$\overline{K_1}$	0.282	0.240	0.257	0.291	
$\overline{K_2}$	0.295	0.250	0.299	0.272	
$\overline{K_3}$	0.259	0.345	0.279	0.271	
R	0.013	0.105	0.042	0.020	

由表 4 可知，各因素的极差大小顺序为 B>C>D>A，由此可得出 4 因素对瓶
装的未脱水的豆果品种油橄榄果渣多酚提取率的影响先后顺序为乙醇浓度>料液

比>浸提温度>浸提时间。在考虑生产成本的基础上确定最优的提取工艺条件为 $A_2B_3C_2D_1$，即浸提时间为 45min，乙醇浓度为 80%，料液比为 1：24（g/ml），浸提温度为 50℃。在该优化条件下平行试验 3 次，多酚平均提取率为 0.386 5%。

三、结论

（一）通过试验得到经过脱水的阿布桑娜品种的油橄榄果渣中多酚在超声波功率为 250W 时，最优提取工艺为：浸提时间为 60min，乙醇浓度为 80%，料液比为 1：19（g/ml），浸提温度为 50℃，优选工艺提取的多酚提取率为 0.264 8%。

（二）未经脱水的豆果品种的油橄榄果渣中多酚在超声波功率为 250W 时，最优提取工艺为：浸提时间为 45min，乙醇浓度为 80%，料液比为 1：24（g/ml），浸提温度为 50℃，优选工艺提取的多酚提取率为 0.386 5%。

（三）在本试验中，两个不同品种、不同状态的样品的多酚提取率相差较大，虽然经过脱水的袋装阿布桑娜的果渣的含水量低于未经脱水的瓶装豆果，但是袋装的多酚提取率总是低于瓶装，其中的原因可能有：①榨油过程中产生的废水中含有大量水溶性的多酚类物质；②豆果果实中的多酚含量比阿布桑娜的高；③阿布桑娜果渣中的多酚在脱水过程中失去了水分的保护而发生了氧化反应。

参考文献

耿树香，宁德鲁，勇杰，等，2014. 微波辅助提取不同品种油橄榄叶及果

渣多酚物质 [J]. 西部林业科学，4：27-30.

何志勇，夏文水，2006. Folin-Ciocalteu 比色法测定橄榄中多酚含量的研究 [J]. 林产化学与工业，26（4）：15-18.

孔维宝，李阳，白万明，等，2011. 微波辅助提取油橄榄果渣多酚 [J]. 食品与发酵工业，37（4）：233-237.

李艳，冯绍惠，慕长龙，等，2013. 四川油橄榄引种研究进展 [J]. 四川林业科技，34（1）：17-22.

李阳，陈琛，孔维宝，等，2010. 甘肃陇南市油橄榄产业发展现状及建议 [J]. 甘肃农业科技，6：45-47.

饶瑜，焦士蓉，龚丽，等，2013. 广元地区油橄榄叶多酚提取条件及抗氧化活性研究 [J]. 西华大学学报（自然科学版），5：96-99.

施宗明，孙卫邦，祁治林，等，2011. 中国油橄榄适生区研究 [J]. 植物分类与资源学报，33（5）：571-579.

王百川，付绍平，王丹，等，2011. 超高压液相色谱：飞行时间质谱法分析国产油橄榄叶中酚类化合物 [J]. 食品科学，18：225-229.

王宗举，唐春红，2010. 均匀设计法优化橄榄叶多酚提取工艺 [J]. 中国食品添加剂，3：166-170.

吴嘉琳，2013. 石榴皮多酚的分离纯化及生物活性的研究 [D]. 济南：齐鲁工业大学.

夏俊雅，孙小明，张佳，等，2014.HPLC 法同时测定油橄榄叶中的 5 种多酚类化合物含量 [J]. 分析实验室，7：766-770.

向丽，周铁军，叶迎春，等，2012. 青果多酚超声波醇提工艺条件的研究 [J]. 安徽农业科学，40（2）：772-774.

谢碧秀，刘滕，马建英，等，2015. 油橄榄果渣中多酚提取工艺的优化 [J]. 食品科技，9：192-195.

谢碧秀，马建英，刘滕，等，2015. 油橄榄中多酚类物质的研究进展 [J]. 安徽农业科学，14：254-255+258.

张乃丹，2013. 覆盆子多酚提取工艺及不同溶剂提取物抗氧化抑菌活性 [D]. 杭州：浙江农林大学.

乡土植物黄连木在眉山市中心
城区园林景观营造中的应用

李 义

摘 要 ···

　　乡土植物在现代风景园林规划设计中越来越受到人们的重视。本文以眉山乡土植物黄连木为例，试就黄连木在眉山市中心城区园林景观营造中的应用做初步探讨。

关键词 ···

　　黄连木；园林；应用

眉山市位于成都平原西南部，岷江中游和青衣江下游的扇形地带。眉山市内山峦纵横，丘陵起伏，地势呈西高东低，最高海拔 3 522 米，最低海拔 335 米；中生代红色岩层分布广泛；年平均气温 17.1℃，极端最低气温−3.5℃，极端最高温度 38.6℃；年平均降雨量大于 1 000 毫米；自然条件复杂，野生植物资源极为丰富，其中有很大一部分是既具有文化价值、观赏价值，又有生态经济价值的乡土园林树种，如南酸枣、梧桐、灯台树、乌桕、油桐、柑橘、桑树等。在乡土园林树种中，黄连木的观赏价值最大，但其在眉山园林景观营造中应用还很少，实是憾事。

一、眉山市中心城区在乡土园林树种选择上存在的不足之处

　　在 2007 年以前，根据调查资料统计，眉山市中心城区的行道树和小区庭院树木的乡土树种分别只占园林树木总棵数的 47.26% 和 36.42%。显然，当时眉山市的外来树种种植比例过高。之后，眉山在创建"四川省园林城市""国家园林城市"与"国家森林城市"的过程中，根据《国家园林城市标准》与《国家

森林城市评价指标》的要求，购买栽种了大量的乡土树种，如香樟、栾树、臭椿、榆树、朴树、皂荚、桢楠、水杉、竹等，使乡土树种数量占到了城市绿化树种使用数量的80%以上，符合《国家森林城市评价指标》的要求。但即便如此，在树种树苗选择过程中仍存在以下不足之处：

（一）乡土园林树种的种类还较少

虽然乡土树种的数量占园林树木总棵数的比例已大大增加，符合《国家园林城市标准》的要求，但是乡土树种与其他园林植物的种类还很少，与发达国家差距还很大。在欧美国家的一些城市中，常用园林植物总数在500种以上，并且许多城市都有明确的植物种类记录，例如：布鲁塞尔有730余种植物，约为比利时植物区系的一半；柏林有园林植物1 243种，罗马有1 400余种。完善的植物群落结构和多样化的物种类型，对丰富城市景观起着非常重要的作用。据眉山园林部门初步调查统计，眉山现有园林树木400余种，其中常见的有150余种，加上其他园林植物，总数在600种左右。除古树名木建立了档案之外，其他园林植物还没有明确的植物种类记录。园林植物种类相对贫乏的问题不只出现在眉山一地，其他地方也是如此。据相关资料显示，南京玄武湖公园乔灌木种类约110种，苏州园林中植物种类约200种，杭州、上海园林植物种类200余种，"花城"广州植物种类约300种。

（二）园林树木的选择与配植上较少体现本地文化特色

眉山市把2012年和2013年定为"规划年"，以"高水平、高标准、高质量"的规划引领"两化"互动、统筹城乡绿化建设，坚持"产城一体、景城一体、文城一体"的发展思路，使城市绿地面积持续增加，园林绿化水平不断提升，绿地布局更趋科学合理。实现了城市"步步见绿、步移景异、四季有花、四季常绿"的景观。城市生态环境和人居环境明显改善，绿地质量显著提高。但是，对眉山城市历史及与文化，特别是与园林有关的文化的深入研究与探讨还有所欠缺。如，对历史上的眉山，特别是宋代眉山的城市风貌研究较少。又如，为体现东坡文化建成的"东坡竹园"，其在园路铺装、水景与园林建筑营造方面做得较好，然而，对竹子如何造景，竹子与其他植物如何配植，苏轼与竹文化的研究并不深入，缺少了东坡文化的内涵。

（三）对树木的生态效益，特别是与之相关的城市野生动物的需求考虑较少

日本庭院中多栽柿树，便于乌鸦秋冬取食。而眉山在选择园林绿化树种时，很少考虑城市野生动物取食与栖息的需要，园林绿化的生态效益大打折扣。总体来看，眉山城市野生动物的数量与种类近年有所增加，但比 20 世纪 80 年代前大大减少，这很大程度上与城市野生动物缺少取食与栖息的植物有关。野生动物是体现人、城市、自然和谐的重要指标，也是衡量城市生态与环境质量最直观有效的途径与方法。城市中缺乏野生动物是我国与发达国家城市明显的差距之一。

综上所述，在眉山市中心城区园林景观营造中，研究、使用既具有文化价值、观赏价值，又具有生态经济价值的乡土园林树种是当务之急。下文将以黄连木为例，试述黄连木在园林景观营造中的应用。

二、黄连木的习性

黄连木是漆树科、黄连木属的落叶乔木，喜光，幼时稍耐阴；喜温暖，畏严寒；耐干旱瘠薄，对土壤要求不严，微酸性、中性和微碱性的沙质、黏质土均能适应，在肥沃、湿润且排水良好的石灰岩山地中生长最好。黄连木为深根性树种，主根发达，抗风力强，萌芽力强。生长较慢，寿命可长达 300 年以上。

三、黄连木的文化价值、观赏价值和生态经济价值

（一）黄连木的文化价值

黄连木又名楷木，是一种有"文化"的树：树干疏而不屈，刚直挺拔，自古是尊师重教的象征。山东曲阜孔林里有一棵"子贡手植楷"。相传孔子去世后，其弟子子贡在墓旁"结庐"守墓六年，又把从卫国移来的楷木苗植于墓前。后来人们常把楷木和模木合称为楷模，用来称那些品德高尚、受人欢迎、可谓师表的榜样人物。在眉山蟆颐观，至今尚留多株树龄 300 年以上的黄连木古树。

（二）黄连木的观赏价值

黄连木整株植物高雅清新，给人以赏心悦目的景观效果。黄连木树冠宽广，树姿优美，树叶、花、果、枝干各具特色，观赏价值极高。其叶，早春为嫩红色，入秋又变成深红或橙黄色，兼具春色叶树与秋色叶树之美；其花，圆锥花序，雄花序淡绿色，雌花序紫红色，特别是紫红色的雌花序极其美观；其果，核果径约 6 毫米，初为黄白色，后变红色至蓝紫色。在园林树木中，少有如黄连木一样集众多观赏价值于一身的树种。黄连木适用范围广、抗污染力强，既可以成群成片地种植，也可配置于园林景观中作背景、伴景用，其美化、彩化效果极好。

（三）黄连木的生态经济价值

黄连木分布广，在我国大部分地区的荒山荒坡上都适宜生长，还具有调节改善小气候、防风固土、抗污染等生态功能，是保持水土的优良树种。此外，其种子含油率高，是炼制生物柴油良好的树种。

四、黄连木在园林中的应用

（一）孤植

黄连木体形高大雄伟，四季兼赏，在园林中，可采用孤植的配植方式，充分表现其个体美。可选择开阔空旷的地点，如大片草坪上，花坛中心，道路交叉点，道路转折点，发挥景观的中心视点及引导视线的作用；也可单株散植于建筑四周，假山一隅，桥头两旁，石阶两侧等，起衬托主景的作用或形成配景、夹景，以增强透视的纵深感。

（二）丛植

黄连木的配植可模仿自然群落，三五成群，疏密相间，有断有续，错落有致，使景致生动活泼。黄连木丛植时常与草地和花卉结合，形成草地疏林和嵌花草地，也可与建筑、山石、水体等融为一体，达到"虽由人作，宛自天开"的境界。

（三）群植

种植黄连木可以采取群植配置的种植形式，以常绿树种为基调树种，疏密得当、虚实相生，四周再配以其他抗性强的小乔木、灌木以及精巧别致的园林小品设施，从而营造出生态、美学相和谐的小环境。在现代城市景观中如广场绿地等，多用色块、色带等形式营造平面图案或立体造型植物景观，以强调色彩构图之美，表现色彩的明快感及城市的快节奏感，这是国内外现代园林发展的一种新潮流。黄连木等乔灌木可与金叶女贞、红峨木、紫叶小檗、黄金榕、金叶桧、扶桑等常色叶植物及一些常绿花灌木，配成大小不等、曲直不一的色带或色块，突出色彩构图之美，使其具有时代气息。

（四）林植

黄连木可与常绿植物如木兰科的紫花含笑、黄心夜合等植物组景，构成四季有景、色彩对比突出的景观效果。也可与槭类、枫香等混植，构成大片秋色红叶林，效果更好。

（五）行道树

在城市园林中，黄连木还是十分优秀的行道树，可带状栽植于道路景观带，或成片栽植形成小绿岛，以产生非凡的造景效果。如果在道路绿化中运用矩阵式栽植的方法，将黄连木同棕榈矩阵、紫薇矩阵、桂花矩阵、栾树矩阵、石楠矩阵等进行配置，整条道路的绿化就会显得错落有致、层次分明。成片黄连木在道路造景中的作用不可替代。

五、黄连木应用时的注意事项

（一）设计时，充分考虑其生态学特性

在种植设计黄连木时，要对其生态学特性做充分考虑，做到适地适树。将其种植在全光照的条件下才能充分体现出色彩美，光照越强，叶片色彩越鲜艳。一旦处于光照不足的半阴或全阴的状态下，则其色彩表现不理想，从而失去彩叶效果。

（二）要充分考虑配植时的艺术效果

园林规划设计时应充分理解植物的形象美、色彩美以及象征美，按照一定的构想，有预见性地将其组合起来、并结合当地具体的环境条件和园林主题的要求，巧妙合理地进行配植，构成一个景观空间，使游人置身其间，陶醉于美好的意境中。

六、黄连木应用效果浅析

（一）适应性强、养护成本低

黄连木等乡土植物，经过长期的自然选择，对眉山的气候、土壤、病虫害等都有很强的适应性与抵抗力，从而降低了养护成本。眉山在这方面曾经有很多教训，如营造眉山湖滨路时最先引种了大量的假槟榔、霸王鞭、加拿利海枣、董棕等南亚热带与热带植物。到了冬季不仅要搭棚保温，而且由于低温、病虫害等原因，现在这些植物已所剩无几。

（二）体现眉山的地方特色

黄连木等乡土植物，体现了眉山的地方特色，区别于其他城市的植被景观。眉山在这方面教训也不少，如眉山曾经大量种植小叶榕作为行道树，城市垂直绿化大量采用三角梅，苏祠中学校园绿化也曾大量采用加拿利海枣、董棕等植物，这些植物在我国大部分城市中都有所种植，缺少地域特色，使眉山失去了独有的文化内涵。

（三）为野生动物提供栖息的场所与食物来源

近年，眉山发生了洪雅林农种植的柳杉被松鼠啃食树皮、三苏祠松鼠偷食荔枝等事件，其实际原因就是松鼠缺乏食物。外来的植物，很少能满足城市野生动物取食与栖息的需要，而黄连木等乡土植物，可为眉山的野生动物提供栖息的场所与食物来源。

七、结论

乡土植物具有实用性强、易成活、种植和维护成本较低、利于改善当地环

境和突出体现本地文化特色的诸多优点，在现代风景园林规划设计中越来越受
到人们的重视。除了黄连木外，其他如南酸枣、梧桐、灯台树、乌桕等观赏价
值较高的乡土植物也值得在眉山园林营造中充分推广应用。

参 考 文 献

陈有民，2013. 园林树木学（修订版）[M]. 北京：中国林业出版社.

李义，2009. 黄连木在园林中的应用 [J]. 特种经济动植物，12
（12）：30.

浅谈园林植物资源的开发利用 [EB/OL]. （2006-03-16）[2020-03-22].
http：//gc. yuanlin. com/html/Article/2006-3/Yuanlin_ Project_ 1749. html.

杨钦周，1997. 四川树木分布 [M]. 贵阳：贵州科技出版社.

周维权，2008. 中国古典园林史 [M]. 3 版. 北京：清华大学出版社.

浅议汽车点火线圈常见故障及检测方法

陶 非

摘 要 ···

随着汽车的自动化和智能化程度越来越高，汽车发动机电控技术也不断发展，这对汽车售后服务特别是维修人员提出了更高的要求。汽车点火线圈其实就是一个变压器，它的初始能量来自蓄电池的 12V 电压，但它传递给火花塞的能量却高达上万伏，而正是靠着点火线圈的能量转化，火花塞才能产生巨大的能量，发动机气缸内的混合气才得以燃烧。本文就汽车点火线圈的功用、结构、常见故障原因及其波形检测方法做简要分析。

关键词 ···

汽车点火线圈；电压；电路；故障；检测

一、汽车点火线圈的结构和功用

通常汽车点火线圈里面有两组线圈，分别是初级线圈和次级线圈。其性能参数要跟发动机点火系统相匹配。初级线圈一般为线径 0.5~1.0mm 的漆包线，匝数为 100~500 匝；次级线圈一般为线径 0.06~0.10mm 的漆包线，匝数为 11 000~26 000 匝。具体数据要根据实际使用需求来定。汽车点火线圈的内部结构见图 1。

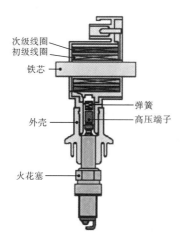

图 1　汽车点火线圈内部结构

　　汽车点火线圈之所以能将车上的低压电变成高压电，是因为其有与普通变压器一样的能量转换形式：先由电转换为磁，再由磁转换为电，即点火线圈里面的初级线圈通电产生电磁力，感应次级线圈使之产生相应的磁力。初级线圈在不断通电与断电之间切换的同时，其电磁力也在不断变化。初级线圈磁力磁通的变化，使次极线圈的磁通也产生变化。根据物理原理，当线圈有磁力穿透作用时，磁通的变化会使线圈产生相应的电压。产生电压的高低与很多因素有关，如线圈的横截面面积、铁芯的大小、电压与电流的大小、通电时间长短等。汽车点火线圈工作原理见图2。

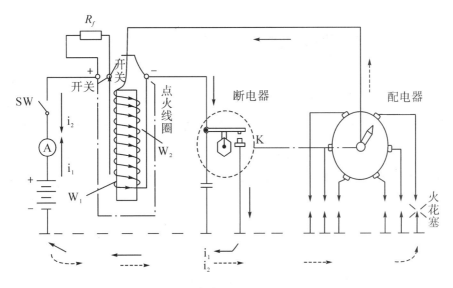

图2　汽车点火线圈工作原理

　　初级线圈一端与车上的低压电源连接，另一端与点火控制单元连接，主要根据其工作需要控制负极的通断；次级线圈一端与初级线圈连接，另一端与高压线输出端连接并输出高压电。

　　无触点电子点火系统使用低阻抗电感线圈，增强了初级电流，使次级电压高达30kV以上；增强了点火能量，以提高点燃稀混合气的能力；在改善燃料经济性的同时，也减少了排气污染。而无分电器点火系统则完全由电子器件组成，无机械运动部件，因此彻底解决了凸轮和轴承磨损以及触点烧蚀间隙失调而引起的一系列故障。

　　以4缸发动机为例（电路图见图3），一般一个点火线圈负责一个气缸点火（独立点火，各缸相对独立工作。有个别车型是两个气缸共用一个点火线圈，称为同时点火）。如果只有一个气缸的点火线圈发生故障，其余三个气缸的点火线圈工作正常，那么汽车可以勉强应急行驶，但对汽车的发动机、机座和连接部件尾气排放等都非常不利；如果有两个气缸的点火线圈不工作，那么汽车很快就会自动熄火或剧烈抖动。如果发动机由一个点火线圈进行高压点火，控制线路发生故障时，发动机不能起动工作；如果发动机由两个点火线圈进行高压点火，当其中一个点火线圈损坏时，就会有两个气缸不能工作，但此时发动机有可能会起动，且抖动剧烈。通常情况下，汽车4S店维修师傅会建议车主暂时停止使用缺缸车辆。如果有两个缸的点火线圈损坏，考虑到行车安全并减少对发动机的损害，建议立刻停止行驶，到汽车4S店排除故障。6缸、8缸或12缸以上的发动机有两个点火线圈损坏，也建议到修理厂进行故障排除。

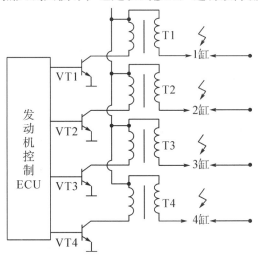

图3　四缸发动机电路图

二、汽车点火线圈的常见故障及原因分析

(一) 汽车点火线圈常见故障

(1) 起动发动机，怠速时车身和发动机有明显抖动，加速时发动机有"突突"的声音，提速时间长转速升高明显迟缓。

(2) 在行驶过程中，转速在 2 500r/min 以下时，车身有明显抖动，加速无力；当转速超过 2 500r/min 后，抖动感消失。

(3) 打开发动机盖，观察运行中的发动机，发现发动机有明显的抖动。这种抖动很剧烈，不属于发动机在正常工作状态下的抖动。

(4) 在起动发动机后，有一部分车型的仪表上会亮起发动机故障灯。

(5) 有条件时，可以用汽车诊断仪读取数据流进行分析。失火最多的气缸，其点火线圈可以被判断为有故障。

(二) 发动机抖动时的汽车点火线圈常见故障分析

(1) 点火线圈低压插头与外部电路、高压输出与高压线接触不良，点火线圈的电路不顺畅，影响点火线圈的正常使用。

(2) 发动机缺缸，只有部分缸内的点火线圈在工作。

(3) 火花塞积碳严重，导致很难击穿火花塞间隙。火花塞应该在汽车行驶了 3 万千米左右更换（各车型要求不同）；涡轮增压（TSI、TDI 等）的发动机必须在汽车行驶了 2 万千米左右更换。

(4) 高压线老化漏电，损失能量过大，导致击穿电压不够，而且很容易损坏火花塞。

(5) 点火线圈工作一段时间后，出现匝间短路的现象。

三、汽车点火线圈故障检测方法

（一）点火线圈故障读取

检测汽车点火线圈故障的分析仪一般有两种：一种是汽车万用表，一种是汽车示波器。通常将汽车万用表和汽车示波器配合使用，检测和读取点火线圈故障。如果在拔下各缸高压线，插上备用火花塞，将高压线与备用线圈连接，转动点火开关使起动机运转后，观察各缸火花均为蓝色，说明火花很强（进行这种检查前，要先泄掉汽油压力，确认起动机运转时无汽油喷出）。如果在拆下火花塞后，发现火花塞间隙正常，电极部分燃烧良好，呈棕黄色，陶瓷绝缘良好，则装上火花塞、高压线，在启动发动机后进行断火实验，如果各缸均工作，说明点火线圈正常。反之，则表示该缸点火线圈有故障。用示波器对此缸点火线圈工作情况进行波形读取，可以快速找出故障原因。

（二）点火初级线圈怠速通过电流波形分析

用示波器读取波形。一般来说汽车点火器采纳的波形可以分为：全采样、正半波采样、负半波采样。通过观察波形，可直观、快速地分析判断点火系的技术状况。对于不同功能、不同形式的示波器，通过按键输入、菜单选择等方法，即可在示波器屏幕上显示出被测发动机的一次或二次多缸平列波，并通过调节旋钮和选择按键使屏幕的亮度、对比度、波形位置、波形幅度等符合观测要求。如需观测发动机转速，应使发动机在规定转速下运转。

图 4 为电流通过点火初级线圈，怠速时测试的正常波形。

被测发动机点火波形显示后，首先应与标准波形进行对照。如果实测点火波形和标准波形完全相同，说明点火系统技术状况良好；如果实测波形有异常，说明点火线有故障，应观察异常波形的位置，再诊断出故障。

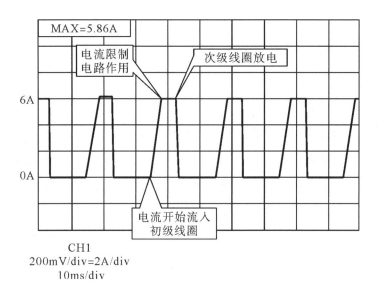

图4　电流通过点火初级线圈的正常波形（怠速时）

（三）点火线圈常见故障和排除方法

低压电路常见故障：蓄电池存电不足，电线连接不良或错乱，蓄电池搭铁不良，分电器或霍尔传感器损坏，点火开关损坏或接线不良，晶体管点火控制单元损坏或接线不良。排除方法：逐线检查电流表或电压表来排除故障点。

高压电路常见故障：高压线脱落或老化漏电，分电器盖破裂击穿，分电器分火头烧蚀破裂击穿，火花塞电极间隙过大或过小，火花塞积炭过多，火花塞绝缘体损坏，点火线圈损坏或接线脱落。排除方法：高压试火法，即将分电器中心高压线或某缸高压线拔下，将线头放置距离缸体 3~6mm 处，起动发动机试火，如有火花且火花强烈，说明点火系统工作正常。

四、汽车点火线圈使用注意事项

汽车在正常行驶了 10 万千米以上时，可以更换点火线圈。因现车型电控元件较多，要求更换以组为单位更换点火线圈；因生产时间和厂家不同，如果单独更换，点火线圈内部的各电子元件就会存在一定差异，可能会损坏发动机控制模块，导致发动机出现故障。

为了保证行车安全，使用汽车点火线圈时要注意以下事项：①对汽车点火线圈定期检查，防止其受热或受潮；②汽车发动机不运转时应该关闭点火开关；③经常清洁、紧固线路插头，避免点火线圈短路或搭铁；④定期保养，防止电压过高；⑤火花塞不得长期进行"吊火"实验；⑥点火线圈上的水分只能用干毛巾擦干，绝不能用火烘烤，否则会损坏点火线圈。

参 考 文 献

栾琪文，2018. 汽车故障诊断一点通 ［M］. 北京：机械工业出版社.

纯电动汽车快充原理及故障诊断方法研究

谭仕发

摘　要 ··

　　本文以北汽新能源某型车辆的直流快充系统为对象，分析其组成及快充继电器的低压控制原理，研究了快充原理及控制策略，总结了快速充电的条件，为直流快充系统故障诊断提供了参考。

关键词 ··

　　纯电动汽车；快充原理；控制策略

纯电动汽车以动力电池作为动力源，通过一次次地充电来完成对动力电池行驶过程中电能消耗的补充，以实现更长的续驶里程。常见的充电模式分为交流慢充和直流快充。直流快充通过快充桩内的直流充电机将交流电转为直流电，为电动汽车动力电池充电，快充路径如图 1 所示。

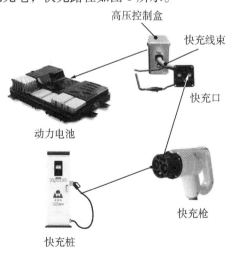

图 1 纯电动汽车直流快充路径示意

一、直流充电系统

直流充电又称应急充电，是短时间内以较大电流在电动汽车停车后的 20 分钟至 2 小时内，为其提供短时充电服务，充电电流一般为 150~400A。

（一）快充口

为保证各品牌电动汽车和充电基础设施互联互通，并达到相应的安全标准，国家对电动汽车的传导充电接口及通信协议制定了相关的标准，避免了充电设施与车辆充电系统不兼容而造成的社会资源的浪费。直流快充系统的接口定义如图 2 所示：

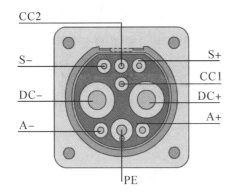

DC+/DC-：直流正负极；

CC1/CC2：充电桩/车辆端充电
　　　　　　连接确认信号；

A+/A-：低压辅助电源；

S+/S-：CANH/CANL；

PE：接地。

图 2　直流快充系统的接口定义示意图

（二）快充继电器

快充继电器（图 3）位于高压控制盒内部，分为快充正极继电器和快充负极继电器。快充继电器是快充高压电传输线路上的一道重要关卡，其可以实现用低压电控制高压线路通断的作用，保护高压元器件在一些特殊情况下免遭破坏。

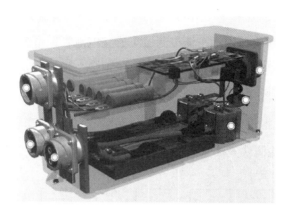

图 3　快充继电器示意图

快充继电器的开闭由整车控制器控制，通过插件 T121 的 116/118 号针脚，发送低压电气信号，开闭快充继电器，实现对快充的控制，如图 4 所示。

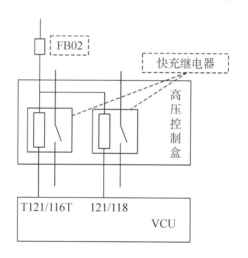

图 4　快充继电器低压控制原理

二、直流快充充电原理

直流充电控制导引电路如图 5 所示。图中的辅助电源和非车载充电机控制器集成在快充桩内；电阻 R2、R3 和开关 S 安装在快充枪内，S 为常闭开关；电阻 R4 安装在车辆快充口内。车辆控制器集成在电池管理系统中，可以控制开关 K5、K6 的通断。K1、K2 为直流充电桩高压正、负继电器；K3、K4 为直流充电桩低压唤醒继电器［供电输出给新能源汽车整车控制器（VCU）］；K5、K6 为车端高压正、负继电器。CC1 为充电桩检测快充插头与车辆连接状态识别信号；CC2 为 VCU 检测快充插头与车辆连接状态识别信号。

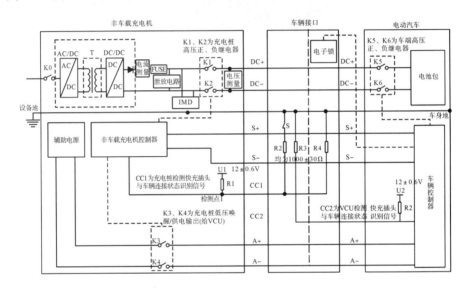

图5　直流快充充电控制导引电路示意图

充电控制原理解析：

（1）车辆插头与车辆插座插合，可使车辆处于不可行驶状态。将车辆插头与车辆插座插合，车辆的总体设计方案可以自动启动某种触发条件（如打开充电门、车辆插头与车辆插座连接或对车辆的充电按钮、开关等进行功能触发设置），通过互锁或其他控制措施使车辆处于不可行驶状态。

（2）车辆接口连接确认。按下充电枪端部按键插入车辆插座，再放开端部按键 S 闭合。非车载充电机控制器测量检测点 1 的电压值，判断充电枪连接状态，当检测点 1 电压值为 4V 时，充电桩就判断充电枪插入成功，车辆接口完全连接。

（3）非车载充电机自检。在车辆接口完全连接后，充电桩将闭合 K3、K4 使低压辅助供电回路导通，为电动汽车控制装置 VCU 供电，车辆控制装置得到供电后，将根据监测点 2 的电压判断车辆接口是否连接。只要检测到电压值变为 6V 时，车辆控制装置就开始周期性发送通信握手报文。接着闭合 K1、K2 进行绝缘检测。绝缘检测结束后，非车载充电机完成自检，多余能量投入泄放回路，并断开 K1、K2，同时开始周期性发送通信握手报文。

（4）充电准备就绪。在电动汽车与直流充电桩相互配置阶段，车辆控制装置将 K5、K6 闭合，使充电回路导通，充电桩检测到车辆端电池电压正常（电压与通信报文描述电池电压误差 $\leqslant \pm 5\%$，且在充电桩输出最大、最小电压的范围内）后闭合 K1、K2，直流充电线路导通，电动汽车准备开始充电。

（5）充电阶段。在充电阶段，车辆向充电桩实时发送电池充电需求的参数，充电桩会根据该参数实时调整充电电压和电流，并相互发送各自的状态信息（充电桩输出电压电流、车辆电池电压电流、SOC 等）。

（6）正常条件下充电结束。车辆根据新能源汽车电池管理系统（BMS）是否达到充满状态或是否接收到充电桩发送的"充电桩中止充电报文"来判断充电是否结束。满足以上充电结束条件时，车辆会发送"车辆中止充电报文"，并在确认充电电流小于 5A 后断开 K5、K6。充电桩在达到操作人员设定的充电结束条件，或者接收到车辆发来的"车辆中止充电报文"时，会发送"充电桩中止充电报文"，使充电桩停止充电，在确认充电电流小于 5A 后断开 K1、K2，并再次投入泄放电路，然后再断开 K3、K4，电子锁解锁。

（7）非正常条件下充电中止。

①在充电过程中，如果非车载充电机出现不能继续充电的故障，则向车辆周期性发送"充电机中止充电报文"，使充电机停止充电，并在 100ms 内断开 K1、K2、K3 和 K4。

②在充电过程中，如果车辆出现不能继续充电的故障，则向非车载充电机发送"车辆中止充电报文"，并在300ms（根据故障严重程度决定）内断开 K5 和 K6。

③在充电过程中，非车载充电机控制装置如发生通讯超时的故障，则非车载充电机停止充电，并在10ms内断开 K1、K2、K5、K6；非车载充电机控制装置发生3次通讯超时即确认通讯中断，则非车载充电机停止充电，并在10ms内断开 K1、K2、K3、K4、K5、K6。

④在充电过程中，非车载充电机控制装置对检测点1的电压进行检测时，如果判断开关 S 由闭合变为断开，应在50ms内将输出电流降至5A或以下。

⑤在充电过程中，非车载充电机控制装置对检测点1的电压进行检测时，如果判断车辆接口由完全连接变为断开，则控制非车载充电机停止充电，并在100ms内断开 K1、K2、K3 和 K4。

⑥在充电过程中，非车载充电机输出电压若大于车辆最高允许充电总电压时，则非车载充电机应在1s内停止充电，并断开 K1、K2、K3、K4。

三、直流快充充电条件

快充桩与车辆端连接确认之后，充电桩开启低压辅助电源，唤醒整车控制器以及数据采集终端，再由整车控制器唤醒仪表、动力电池管理系统、DCDC，VCU 控制快充继电器闭合，最后开始快充过程。直流快充系统充电条件为：

（1）充电连接确认信号 CC1、CC2 正常；

（2）BMS 供电电源正常（12V）；

（3）快充唤醒信号 A+、A- 正常输出；

（4）充电桩、VCU、BMS 之间通讯正常（主继电器闭合、发送电流强度需求）；

（5）动力电池电芯温度大于 5℃并且小于 45℃；

（6）动力电池组里的单体电池最高电压与最低电压压差小于 300mv；

（7）单体电池最高温度与最低温度之差小于 15℃；

（8）绝缘性能大于 500Ω/V；

（9）实际单体最高电压不大于额定单体电压 0.4V；

（10）高低压电路连接正常，远程控制开关关闭/预约充电功能关闭。

四、结论

本文以新能源汽车交流充电系统为对象，分析了直流快充系统的充电口针脚定义、快充继电器的低压控制原理；深入研究了直流快充系统的充电控制原理以及充电条件。结合本文研究内容，对于直流快充系统故障诊断给出如下建议：

（1）当出现快充桩与车辆无法通信的故障时，需检查快充线束的搭铁是否良好，快充 CAN 通信信号是否正常，连接确认信号是否正常，低压辅助电源供电是否正常，以及快充唤醒信号是否正常。

（2）当出现快充桩显示连接正常，而无充电电流，无快充继电器闭合声音时，检查快充继电器的供电线路，检查 VCU116/118 针脚对高压控制盒、低压插件端的导通情况，检查快充桩至高压控制盒的快充线束的连接情况。

参考文献

欧阳可良，2019. 纯电动汽车直流快充无法充电故障排除 [J]. 汽车实用技术，5：32-34.

童亮, 2020. 纯电动汽车快充模式工作策略探究 [J]. 湖北农机化, 1：21.

中华人民共和国国家质量监督检验检疫总局, 中国国家标准化管理委员会, 2015. 电动汽车传导充电用连接装置第 3 部分：直流充电接口 非书资料：GB/T 20234.3-2015 [S]. 北京：中国标准出版社.

Fanuc 系统宏程序在数控
铣削加工中的应用

周家领

摘 要 ••

在数控铣削加工中，相对手工编程及三维软件自动编程的加工程序，宏程序的最大特点是具有极好的易读性和易修改性，编写的程序非常简洁，逻辑严密，通用性极强，并具有灵活性、通用性和智能性等特点。宏程序"短小精悍"，即使最廉价的数控系统，其内部程序存储空间也会达到 10KB 左右。而 CAD/CAM 软件生成的程序通常比较大，很容易占据所有的内存空间。熟练掌握宏编程技术可以快速高效完成数控加工程序的编制，从而提高生产效率，同时也拓展了编程思路。Fanuc 系统是最常用的数控系统，本文将通过三个实例探讨 Fanuc 系统宏程序在数控铣削加工中的应用。

关键词 ••

Fanuc 系统；宏程序；数控铣削加工；手工编程

在机加工中，使用基本的数控编程指令可以完成对普通平面、内外轮廓面、孔系加工等的编程和加工。使用基本指令编程会发现程序长、段数多、容易出错，而使用宏程序结合数控系统自带功能就能极大简化程序、减少编程工作量。如对复杂零件进行分层切削循环加工，或对具有椭圆轮廓和球面体等典型特征的零件进行加工时，使用宏程序可以显著提高机床的生产效率。以上是生产过程中最常遇到的加工情况，如果在对一些极为复杂的复合曲面进行编程时结合自动编程软件，能起到更好的效果。下面通过典型案例探究宏程序在数控铣削编程中的应用。

一、宏程序介绍

（1）宏程序（macro program）是以变量的组合，通过各种算术和逻辑运算、转移和循环等命令，而编制的一种可以灵活运用的程序，只要改变变量的值，即可以完成不同的加工和操作。宏程序可以简化程序的编制，提高工作效率。宏程序可以像子程序一样用一个简单的指令调用。

（2）变量：在普通加工程序中，数值直接用 G 代码和移动距离指定。例如：G00 和 X35。使用宏程序时，数值可以直接指定或用变量指定。当用变量时，变量值可以进行改变。例如：#2＝30，#1＝#2+100，G01 X#1 F300。

（3）变量表示：计算机允许使用变量名，在 Fanuc 系统中宏程序的变量需要用变量符号"#"和后面的变量号指定。例如：#1，#102，#502，#［#3+#5+18］。

在一般的程序编制中，当程序中的地址字符为常量时，一个程序只能描述一个几何形状，所以缺乏灵活性和适用性。宏程序中地址字符为变量（也称宏变量），可以根据需要通过赋值语句加以改变，使程序具有通用性。配合循环语句、分支语句和子程序调用语句，编制各种复杂零件的加工程序。

二、利用宏程序实现复杂分层循环加工

在实际加工过程中，有一类轨迹相同但是位置参数不同的系列零件。对这一类零件进行加工，即对具有相同轮廓的零件进行重复加工。如图 1 所示零件，是一个内轮廓零件，加工深度为 10mm。如果用单纯的子程序调用只能进行对同一个轮廓的分层加工；如果使用宏程序加子程序调用就可以做到对同一层的轮廓进行偏移加工及分层循环加工。刀具选用 φ10，Z 向进给为 2mm，Y 向进给为 2.5mm。加工效果如图 2。

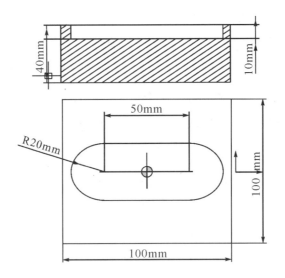

图1 内轮廓零件

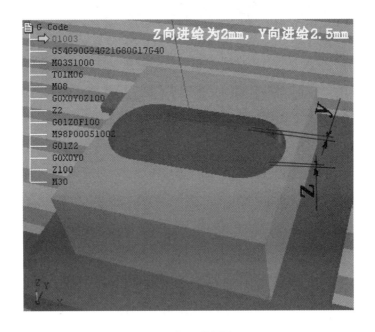

图2 加工效果图

加工该零件的参考程序如表 1：

表 1　参考程序表

主程序	含义	子程序	含义
O1003		O1002	
G54G90G94G21G80G17G40	G 代码初始	G91G01Z-2F100	给定 Z 向循环进给量
M03S1000	主轴转速 1000	G90G01X25	
T01M06	换 T01 刀	#1 = 2.5	
M08	切削液打开	#2 = 10	
G0X0Y0Z100	定位 X0Y0Z100	#3 = 20-#2/2	
Z2		WHILE［#1LE#3］DO1	
G01Z0F100		Y#1	
M98P00051002	调用宏程序	G02Y-#1R#1	内轮廓的宏程序编程
G01Z2		G01X-25	
G0X0Y0	返回 X0Y0	G02Y#1R#1	
Z100		G01X25	
M30	结束程序	G01Y0	
		#1 = #1+2.5	
		END1	
		G00X0Y0	
		M99	返回主程序

三、利用宏程序实现椭圆轮廓加工

如图 3 所示零件椭圆凸台轮廓的方程式：$X^2/30^2 + Y^2/20^2 = 1$，凸台的高为 8mm，长方体毛坯的尺寸为 80mm×60mm×20mm，利用机用台虎钳即可装夹此零件。每次背吃刀量为 1.5mm，需要 8/1.5 次完成深度切削。运用宏程序函数公式计算得到等分点 X、Y 的坐标：$X = 30×\cos\alpha$，$Y = 20×\sin\alpha$，其中 α 是任意点的正向夹角，结合半径补偿利用宏程序编程如表 2。

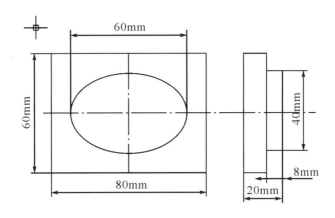

图 3　零件椭圆凸台轮廓

表 2　宏程序编程表

主程序	含义	子程序	含义
O0002	主程序号	O0001	子程序号
G54G90G00G43H1Z50	建立长度补偿，快速下降到 z50	G0X0Y［#18+#2］	快速定位到准备点
X0Y0	快速定位	Z5	下降准备高度

表2(续)

主程序	含义	子程序	含义
M03S1000	主轴转速 1000	#10＝FIX［#3/#6］	
G65P0001A30B20C 8J5K2. 5D300R10	调用子程序 O0001 赋相关变量	WHILE［#10GE0］DO2	
G0G49Z100	取消补偿	#11＝#10×#6−#3	
X0Y150	快速定位	G00G41D1X−#18	
M05	主轴停	G03X0Y#2Z#11R#18F#7	
M30	程序结束	#4＝90	
		WHILE［#4GE−270］DO1	
		#24＝#1×COS［#4］	椭圆凸台的 宏程序编程
		#25＝#2×SIN［#4］	
		G01X#24Y#25	
相关说明 #1＝A 椭圆长半轴 #2＝B 椭圆短半轴 #3＝C 椭圆厚度 #4＝i 切削点与 X 轴正向夹角 #5＝j 角度增量 #6＝k 背吃刀量 #7＝d 进给量 #18＝R 1/4 圆弧切入切出半径		#4＝#4−#5	
		END1	
		G03X#18Y［#2＋#18］Z［2＋#11］R18	
		G0G40X0	
		#10＝#10−1	
		END2	
		G0Z100	
		M99	返回主程序

四、利用宏程序实现半球零件加工

如图 4 所示零件用基本指令手工编程无法实现正常切削，可以通过宏程序编程解决问题。该球面体粗加工可使用带底刃立铣刀提高加工效率，而在精加工时采用球刀可保证加工精度。由于球体截面为同心圆，其加工方式采用分层切削法，切削时可由上而下或由下而上进行分层加工，精加工时为获取更好的表面加工质量应使用侧刃，避免底刃切削。粗加工时立铣刀以底面中心为刀位点，精加工以球刀中心为刀位点，编程零点选择球面体中心。粗加工使用 $\varphi20mm$ 的立铣刀，精加工使用 $\varphi10mm$ 球铣刀。

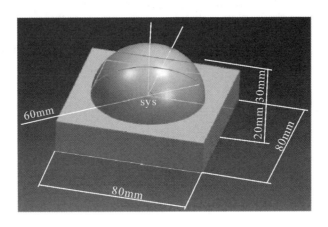

图 4　球面体粗加工

具体编程加工方法大致如下：

1. 平刀加工凸半球（如图 5）

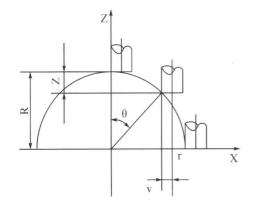

R 为半球的半径，

r 为刀具半径，

$\theta = \#1 = 0$（$0\sim900$，设定初始值 $\#1 = 0$）

$X = \#2 = R \times SIN\,[\#1] + r$（刀具中心坐标）

$Z = \#3 = R - R \times COS\,[\#1]$

编程时以圆球的顶面为 Z 向 O 平面

图 5　平刀加工凸半球

参考程序如表3。

表3　平刀加工凸半球程序表

相关条件	程序	含义
	O2003	程序号
	S1000M03	主轴正转 1000
	G90G54G00Z100	定位到 z100
	G00X0Y0	快速定位
已知凸半球的半径 R，刀具半径 r 建立几何模型如图 数学变量表达式 #1=θ=0（0~90°，设定初始值#1=0） #2=X=R×SIN［#1］+r（刀具中心坐标） #3=Z=R-R×COS［#1］ 编程时以圆球的顶面为 Z 向 O 平面	G00Z3	
	#1=0	
	WHILE［#1LE90］DO1	
	#2=30×SIN［#1+5］	
	#3=30-30×COS［#1］	
	G01X#2Y0F300	
	G01Z-#3F100	平刀加工半球的宏程序编程
	G02X#2Y0I-#2J0F300	
	#1=#1+1	
	END1	
	G00Z100	
	M30	结束程序

当加工的球形的角度为非半球时，可以通过调整#1，也就是 θ 角变化范围来改变程序。

2. 球刀加工凸半球（如图6）

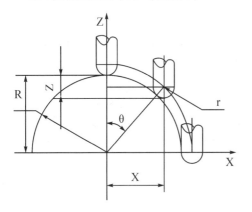

R 为半球的半径，

r 为刀具半径，

θ = #1 = 0（00～900，设定初始值#1 = 0）

X = #2 =［R+r］×SIN［#1］（刀具中心坐标）

Z = #3 = R －［R+r］×COS［#1］+r =［R+r］×｛1-COS［#1］｝

编程时以圆球的顶面为 Z 向 O 平面

图6　球刀加工凸半球

参考程序如表4。

表4　球刀加工凸半球程序表

相关条件	程序	含义
已知凸半球的半径 R，刀具半径 r 建立几何模型如图 设定变量表达式 #1 = θ = 0（0～90°，设定初始值#1 = 0） #2 = X =［R+r］×SIN［#1］（刀具中心坐标） #3 = Z = R －［R+r］×COS［#1］+r =［R+r］×｛1-COS［#1］｝ 编程时以圆球的顶面为 Z 向 O 平面	O2004	程序号
	S1000M03	主轴正转 1000
	G90G54G00Z100	定位到 z100
	G00X0Y0	快速定位
	Z3	
	#1 = 0	平刀加工半球的宏程序编程
	WHILE［#1LE90］DO1	
	#2 =［30+5］×SIN［#1］	
	#3 =［30+5］×｛1－COS［#1］｝	
	G01X#2Y0F300	
	G01Z-#3F100	
	G02X#2Y0I-#2J0F300	
	#1 = #1+1	
	END1	
	G00Z100	
	M30	结束程序

五、结论

数控宏程序在以上三个加工案例中的应用有效简化了零件的计算和编程过程，减少了数控编程的数据量，提高了程序的可阅读、可修改性，通过对变量参数的修改可以适用具有相同特征但尺寸规格不同的零件，同时也解决了仅靠机床自身基本指令功能手工编程难以完成的复杂分层循环、椭圆轮廓、球面等特征编程，最终提高了加工效率和加工精度。宏程序不仅是一种编程手段，使用宏程序进行数控编程还是一个熟悉数控系统功能、确定及优化加工工艺的过程。根据零件的不同特征和加工难易程度合理选择或结合使用手工编程、宏程序和自动编程，会取得更好的编程效果。

参 考 文 献

FANUCSeries oi Mate-MC 操作说明书［EB/OL］.［2020-04-05］. http：//www. doc88. com/p-7438620130618. html.

陈红康，2004. 数控编程与加工［M］. 济南：山东大学出版社.

冯志刚，2008. 数控宏程序编程方法技巧与实例［M］. 北京：机械工业出版社.

黄国权，2004. 数控技术［M］. 哈尔滨：哈尔滨工程大学出版社.

金福吉，2008. 数控大赛试题答案点评［M］. 北京：机械工业出版社.

荣瑞芳，2006. 数控加工工艺与编程［M］. 西安：西安电子科技大学出版社.

王爱玲，2006. 数控机床加工工艺［M］. 北京：机械工业出版社.

周家领，2016. 数控编程与操作［M］. 青岛：中国海洋大学出版社.

脑卒中偏瘫患者早期康复中的运动疗法综述

赵亚男

摘　要

　　脑卒中由于具有高复发率、高致残率、高死亡率，成为人类美好生活的极大威胁。本文采用文献综述法，论述了脑卒中早期运动疗法的内容以及早期运动疗法的作用、注意事项，从而得出结论：早期介入运动疗法对于脑卒中后的各种功能障碍具有明显的改善。早期运动疗法具有可行性、有效性，值得临床推广和应用。

关键词

　　脑卒中；偏瘫；运动疗法；体位

世界卫生组织（WHO）对脑卒中的定义为：脑卒中是指起病迅速的、由脑血管疾病引起的局灶性脑神经功能障碍、且持续 24 小时或引起死亡的症候群。脑卒中包括缺血性卒中和出血性卒中，缺血性卒中的发病率高于出血性卒中，占脑卒中总数的 60%～70%。脑卒中具有高复发率、高致残率、高死亡率，是对人类美好幸福生活的极大威胁。近几年的研究发现，在脑卒中偏瘫患者早期康复中介入运动疗法对卒中后的各种肢体功能障碍、心理功能障碍和认知功能障碍有显著改善，能帮助患者更快康复，重返社会。所以，对于一个合格的康复治疗师而言，掌握运动疗法很重要。本文对运动疗法的作用及临床运用进行阐述，让更多的康复工作者了解运动疗法在脑卒中偏瘫患者早期康复中的作用，以便运动疗法在临床康复中更加广泛地使用和推广。

一、研究方法

本文通过中国知网数据库，检索了近 10 年关于脑卒中偏瘫患者在早期康复中的运动疗法的文献并对其进行比较，从运动疗法的作用和在具体操作中的注意事项入手，展开分析研究。

二、分析

运动疗法是指针对患者的功能障碍，治疗师徒手，或运用器械，或利用患者自身的力量，使患者恢复全部或者部分功能的训练方法。运动疗法的分类方式多样，可以按照治疗目的、活动时肌肉用力程度、器械的使用分类。其实运动疗法已被运用多年。公元前 4 世纪，古希腊医师希波克拉底在其著作中谈到利用矿泉、日光、海水，再辅以运动可以防病健身、延缓衰老、保持健康等。我国的运动疗法始于 20 世纪 40 年代，并且在实践中发展出了两门专业：一是体育康复，二是物理疗法。从所查阅的资料来看，运动疗法被广泛用于脑卒中偏瘫患者的康复治疗中，并且取得了巨大的成效。

（一）运动疗法在促神经功能恢复中的作用机理

脑功能的可重组性和可塑性，是进行早期运动疗法的基础。脑卒中患者的中枢神经系统和运动神经元虽然受损，但通过合理的早期运动疗法介入还可以实现功能的恢复和重组，促进运动神经元轴突的再生，促进树突形成新的突触，并建立与周围肌肉新的神经网络，实现中枢神经系统对患侧肢体的重新控制。早期介入运动疗法能够有效缓解偏瘫患者的临床症状，如肌肉痉挛、足内翻畸形、肩关节半脱位、肩痛等，可减轻患者的心理负担和生活负担，提高生活质量，有利于患者重新回到家庭和社会中。

（二）运动疗法在脑卒中早期康复中的介入时间

在目前的文献中，关于脑卒中偏瘫患者在早期康复中运动疗法介入的具体时间还没有明确的定论，但目前国内外学者比较一致的观点是，在脑卒中患者病情处于稳定期（患者体温正常，生命体征平稳，基础疾患、原发神经病学疾患和其他的合并症、并发症病情无变化，前 48 小时内治疗方案无须改变以及患者的营养途径已经建立）时，即可进行早期运动疗法。由此可知，运动疗法开始得越早，对于患者的肢体功能恢复也就越好，患者重返社会的可能性也就越大。所以只要患者生命体征稳定，意识清楚，神经体征不再进展，就可以对其进行早期运动疗法。

（三）运动疗法的分类及临床应用

1. 正确的体位摆放

患者的体位分五种：仰卧位、健侧卧位、患侧卧位、轮椅坐位和床上坐位。患者应该避免长时间保持仰卧位，因为该体位会导致紧张性迷路反射。仰卧位时患者下肢伸肌肌张力显著增高，会使足趾受压或者患侧下肢外旋，很有可能导致患者出现足下垂的情况。同时，仰卧位还会增加骶部、足跟发生压疮的危险。健侧卧位是患者最容易接受的体位，但是一定要注意患者自身的稳定性，如果不能稳定则需要在患者身后加垫枕头。健侧卧位可以强化患侧屈肌优势，促进患侧肢体的血液循环，减轻患侧肢体的浮肿。患侧卧位是患者最不易接受的体位，但却最适合脑卒中偏瘫患者，在临床上一定要给患者以及患者家属说明这点。患侧卧位能够对患侧肢体起到轻度牵拉的作用，减轻患侧肢体的痉挛，同时可以强化患侧伸肌优势和促进患侧肢体的血液循环。因此在临床上一定要使健侧卧位和患侧卧位交替进行，这样可以让患侧的伸肌和屈肌的肌张力达到平衡，对患者的后续康复有利。轮椅坐位和床上坐位相对其他体位而言，更适合有体位性低血压的患者。

张艳红等（2016）研究发现，应用正确体位的观察组的46例病人，其并发症的发生率为36.96%，低于对照组的45例病人（84.44%），并且观察组的病人在肢体运动功能和日常生活能力方面的改善程度明显优于对照组。江静等（2017）研究发现，观察组肢体痉挛、髋关节外旋、足内翻等发生率显著低于对照组。由此可知，正确的体位摆放可以减少压疮、肩关节半脱位、足下垂和足内翻等并发症的出现，还可以预防废用综合征。

2. 呼吸训练

偏瘫患者早期长期处于卧床状态，胸廓的肌肉肌力变弱，而呼吸时会对胸廓产生吸附作用，导致胸廓所容纳的空气量逐渐缩小，同时还可能存在吞咽问题，以及吸入食物造成肺炎。早期呼吸训练包括胸廓训练和腹肌训练，这两种训练都注意在患者用力吸气时给予适当的阻力，在呼气时给予辅助。孙瑞等（2016）认为，从患者的疲劳程度缓解情况来看，腹式训练组优于胸式训练对照组，这是因为腹式训练更多地锻炼到膈肌、腹直肌、腹内外斜肌，而膈肌收缩可以使胸廓上下径增大，肺容积增大。而胸式训练更多的是增加肋间肌的肌力。

王依川等（2017）对一组病人进行常规康复训练，二组病人进行呼吸肌训练。实验结果显示，二组病人用力肺活量、1 秒用力呼气量、每分钟最大通气量均有明显改善；肺部感染一组为 16.7%，二组为 0。Messaggi（2015）关于脑卒中患者的研究显示，吸气肌受损、呼气肌受损分别占所有患者的 89% 和 82.6%。可见进行合理有效的呼吸训练，可以增加呼吸相关肌群的肌力，扩展胸廓；促进肺泡扩张，改善肺部的通气功能，达到增加肺容量和肺通气量的目的；改善肺部的血液循环，降低坠积性肺炎的发生率，防止发生肺部感染，对患者的后续康复有利。

3. 被动活动和诱导主动活动训练

被动活动：偏瘫患者卧床无法主动活动时，应帮助患者，使其各个关节做不同方向的被动活动。特别要注意的是，很多偏瘫患者都存在原因不明的肩痛和肩关节半脱位的情况，因此在给患者做肩关节被动活动时，一定要注意在患者的无痛范围内进行。如果过于疼痛，可能会导致患者的肌张力增高，出现痉挛。同时还要注意对肩胛骨进行控制训练，防止肩关节出现异常。而下肢需要注意对腘绳肌和跟腱的牵拉，以及对胫前肌肌力的训练。这些训练能够有效防止足下垂和足内翻。

诱导主动活动：治疗师在给脑卒中偏瘫病人做运动疗法时，要注意密切观察患者的意识状态。可以通过言语刺激病人；或进行感觉刺激，如轻快地牵伸肌肉，轻轻地敲击肌腱或者肌腹，稍微用力挤压肌腹等；或用痛觉刺激患者的局部部位；或通过不对称紧张性颈反射，诱发患侧的肌张力；还可以利用联合反应、共同运动诱发肌张力。

临床上，王灵芝等（2005）采用 Bathel 指数计分评定关节被动活动组病人和对照组病人，关节活动组病人 ADL 水平的提高优于对照组。由此可知，被动活动和诱导主动活动可以促进肢体的血液循环，刺激神经的营养功能；防止或减轻肌肉、骨骼、皮肤的废用性萎缩；预防关节挛缩，防止软组织粘连；减少患者的疼痛，促进患者肢体功能的恢复，缩短患者重返社会的时间。

4. 坐位起立训练

术后当患者意识处于清醒状态，病情得到控制，并能够配合治疗师积极治疗时，便可开始坐位训练。对患者进行坐位起立训练时，应该注意患者目前的坐位平衡程度，有利于治疗师采取合适的方式来训练。如果患者长期处于床上卧位，会对坐位的认知出现偏差。这时，可以通过外物来纠正患者的偏差，比如在患者前面放置一面镜子。当患者对于坐位有清楚的认知后，就可以根据平衡分级，采取合适的方式进行训练，训练过程中要注意保护患者，防止其跌倒。

杨舫容（2017）对 72 例脑卒中偏瘫患者进行疗效观察，随机将患者分成常规训练组和加强坐位站起训练组。一段时间后，结果显示加强坐位站起训练组对比常规训练组，其 Berg 平衡量表评分显著提高，并且满意度达到 100%。坐位站起训练还可以对偏瘫患者的平衡功能进行评定，如果患者能够完成坐位站起训练，则会对以后的康复训练更有信心，配合度更高，患者家属的负担也会减少。

5. 立位训练

患者坐于治疗床上，如果 5 分钟后仍未出现头昏、恶心、呕吐等不适症状，就可以开始进行立位训练。患者第一次进行立位训练时，治疗师要注意观察患者的躯体负重，防止倾斜综合征的出现；也可以在患者前面放置一面镜子，指导患者根据镜子里面的影像来调整自己的不正确姿势，并进行站立位重心转移训练。范文双等（2006）的研究结果显示，进行立位训练的治疗组下肢运动功能总积分、平衡功能总积分和 BI 指数均明显提高。由此可知，早期立位训练可以提高患侧下肢的负重能力，为后续的步行训练提供良好的准备，并避免异常步行模式的出现，具有极大的可行性，值得推广。

6. 步行训练

在患者的康复训练中，对脑卒中偏瘫患者的步行训练时机的选择始终存在很大的争议。目前被认可的开始练习步行的条件是，要同时具备站立平衡大于或者等于 3 级，患者站立时能够支持 75% 以上的身体自重，且患肢具有主动屈伸功能。但是长期在临床工作的治疗师发现，如果脑卒中偏瘫病人必须在满足这三个条件后才开始练习，其步行训练并不能取得预期的结果。赵光标等（2018）选择了 68 例病人，随机分为观察组和对照组。观察组的病人在未满足三个条件时开始进行科学的步行训练；而对照组的病人需要满足三个条件才能开始训练。结果发现，训练两个月后观察组患者的 BBS、FMA、MBI 以及 FAC 评分均高于对照组。所以临床治疗师应该按照患者的具体情况，选择适合患者的训练方式，避免错过治疗时机。

三、结论与建议

脑卒中偏瘫严重影响患者的生活质量。大量研究表明，早期进行运动疗法的患者无论是在临床神经功能缺损程度恢复方面，还是在运动功能和生活自理能力方面均有很大改善。这使得患者的心理负担和家属的经济负担得到减轻，并帮助患者更快回到家庭与工作中去。本文对脑卒中偏瘫患者早期康复中的各个体位摆放的作用进行了讨论，并且结合文献得了结论——正确的体位摆放对于患者的康复有益；论述了呼吸训练的重要性，这也是目前极容易被忽略的一种训练。研究结果显示，脑卒中偏瘫患者早期进行运动疗法是可行和有效的。临床上，医务工作者应该结合病人的具体情况选择合适的运动疗法，并且根据病人的病情发展情况和康复情况，调整康复方案，并保证运动方案的正确性、有效性。

参 考 文 献

MESSAGGI - SARTOR M，GUILLEN - SOLA A，DEPOLO M，et al.，2015. Inspiratory and expiratory muscle training in sub-acute stroke：A randomized clinical trial［J］. Neurology，85（7）：564-572.

范文双，楚佳梅，2006. 早期站立训练对缺血性脑卒中患者疗效的影响［J］. 中国康复医学杂志，3：277-278.

纪树荣，2011. 运动疗法技术学［M］. 北京：华夏出版社.

江静，戴伟，2017. 早期良肢位摆放对脑卒中患者肢体功能的影响［J］. 按摩与康复医学，8（16）：19-20.

刘春英，2016. 脑卒中偏瘫患者早期运动疗法康复效果的系统评价［J］. 中国循证医学杂志，2：166-171.

潘梓铭，2017. 早期应用运动疗法联合康复疗法对脑卒中偏瘫患者肢体功能恢复情况影响研究［J］. 当代医学，23（23）：77-79.

任传斌，徐莉蓉，邢鲁艳，等，2013. 早期运动疗法对缺血性脑卒中偏瘫患者肢体功能的临床效果观察［J］. 西北国防医学杂志，34（2）：125-127.

苏国栋，刘惠林，黄梦洁，等，2016. 呼吸肌训练对急性脑卒中患者运动功能的效果 [J]. 中国康复理论与实践，22（9）：1008-1010.

孙瑞，李洁，周芳，等，2016. 不同呼吸训练方式对患者脑卒中后疲劳程度及膈肌功能的影响 [J]. 华中科技大学学报（医学版），45（5）：543-546.

王灵芝，梁小平，2005. 关节被动活动对脑卒中偏瘫患者 ADL 的影响 [J]. 浙江临床医学，7（3）：295.

王茂斌，2006. 脑卒中的康复医疗 [M]. 北京：中国科学技术出版社.

王依川，冯重睿，张新斐，等，2017. 呼吸肌训练用于脑卒中患者的肺康复效果分析 [J]. 世界最新医学信息文摘（电子版），A0：63-64.

魏琴，2015. 良肢位在脑卒中早期康复中的作用 [J]. 医学信息，z2：193.

徐红星，吕双喜，杨卫新，2014. 缺血性脑卒中偏瘫患者两种状况下步行训练对康复效果的影响 [J]. 医学临床研究，4：649-650+653.

杨舫容，2017. 强化坐位起立训练改善脑卒中偏瘫患者平衡功能的临床效果观察 [J]. 中国医药指南，15（1）：140-141.

杨红专，2011. 脑卒中的康复治疗进展 [J]. 中外医疗，2：182-184.

张琦，2014. 临床运动疗法学（第二版）[M]. 北京：华夏出版社.

张艳红，2016. 早期良姿位摆放对脑卒中偏瘫患者肢体功能障碍恢复的效果 [J]. 中国实用神经疾病杂志，19（24）：85-87.

赵光标，吴冬玲，黄文锋，2018. 步行训练时机选择对脑卒中偏瘫病人平衡及步行能力的影响 [J]. 蚌埠医学院学报，1：40-42.

浅谈中小规模养殖场
生物安全防控措施

王冬群

摘　要 ··

自 2018 年 8 月开始，我国多个省市非洲猪瘟肆虐，疫情形势严峻。在此背景下，加快建设养殖场生物安全体系刻不容缓。本文总结了中小规模养殖场存在的部分薄弱环节，探讨了在非洲猪瘟背景下，如何从场址选取、环境控制、加强疫病防控、提高饲养管理水平、适度规模化养殖几个方面构建养殖场生物安全体系，加强中小规模养殖场的生物安全防控，以期对动物疫病防控提供一定的参考，使生猪产业更好地发展。

关键词 ··

中小规模养殖场；生物安全；防控措施

随着畜牧业的发展，动物疫病也呈现出多病种综合发展的趋势。同时，还存在老疫病未去，新疫病又出现的实际难题。由于受场地、布局、资金等条件的制约，中小规模养殖场按高级别要求做好生物安全防控措施，相对比较困难。但随着疫病防控压力的增大，特别是外来疫病的传入，不做好生物安全措施，将会被淘汰出局。非洲猪瘟传入我国以来，部分中小规模养殖场由于生物安全措施不到位，遭受了巨大的损失。针对中小规模养殖场生物安全的薄弱环节，进行必要的硬件设施建设和合理的软件管理，将使养殖场达到基本生物安全防控的标准。

做好生物安全措施就是利用养殖场的选址、布局和设施的自然屏障，强化人、车、猪、料等综合管理措施，防止传染病传入和传出养殖场及在场内传播。生物安全体系是有效预防和控制动物疫病暴发与流行的重要措施。伴随着畜禽养殖业的快速发展，生物安全方面的问题越来越突出，部分重大动物疫病开始流行传播，导致较高的死亡率，造成重大的经济损失。实践证明，坚持预防为主的方针，构建规范的生物安全体系，提高动物的健康水平与抗病能力，是有效预防和控制动物疫病传播和流行的重要途径。

一、中小规模养殖场生物安全防控存在的问题

部分中小规模养殖场由于对生物安全重视不够，且受养殖场面积、布局、资金、设施等多方面的影响，在生物安全防控方面存在着许多薄弱环节。在走访过大部分养殖场后，笔者还发现如下问题。

（1）选址不佳，养殖场布局不合理。

（2）养殖场未完全进行封闭饲养，场区大门没有值班人员值守。

（3）养殖场区内的生产区、生活区和无害化处理区之间没有建立明显的隔离措施。

（4）场区出入口设置的消毒设施配置不够完善。

（5）场区净道、污道分设不明显，存在交叉路段。

（6）管理制度不够完善，未建立完整的生物安全管理制度和防疫制度。

（7）人员、车辆管理不规范，来访人员、车辆、来访事由等记录不清；来访人员或休假离开生活区的工作人员没有经过一定的隔离期就进入生产区。外来人员在工作区内随意活动。

（8）养殖档案不健全，养殖场病死畜禽无害化处理记录、销售记录、饲料采购加工及使用记录、疫苗采购及免疫记录、药品采购及使用记录、动物标识及使用记录缺项过多等。

二、生物安全防控措施

为了避免养殖过程中的薄弱环节造成养殖风险增加，并及早遏制非洲猪瘟在国内传播蔓延，让养殖场、养殖户做好生物安全防控措施，加强生物安全防控，才是防止动物疫病的唯一可行方法。生物安全防控是一个大课题，包括养

殖场的选址布局、环境卫生控制、疫病传播媒介控制、免疫接种、消毒防疫措施、饲养管理等一系列内容。

1. 养殖场的选址与建筑布局

规范科学的选址与场内建筑有利于实施生物安全措施。修建养殖场应选择地势高燥、平坦开阔、地下水位低、背风向阳、排水良好的地方。

（1）养殖场位置应远离主干道、屠宰场及化工厂等，距居民区及主干道等公共资源距离大于500m为宜；处于城市的下风口，不能对当地水源造成污染。

（2）水电充足，便利交通，便于运输产生的粪便；不能紧邻大江大河，严防养殖生产的污水带来的危害。

（3）养殖场内畜禽舍设置应做到规范科学，生产区之间应设置一定距离的防疫缓冲隔离带，周围应有围墙和外界隔离。

（4）场内的道路应设置合理，严格分离净道和污道；全进全出，并在空栏后进行严格的消毒。

（5）定期根据外围生物安全风险点的变化制定针对性的防控措施；地理位置需综合权衡，尽可能降低生物安全风险。

（6）要避开无害化处理场、屠宰场、粪污堆积点、垃圾处理场等高风险场所，保证一定的安全距离。

2. 定期消灭蜱虫等传播媒介

蜱虫是非洲猪瘟重要的生物传播媒介，建议在养殖场内定期灭蜱，同时加强灭蚊、灭蝇、驱虫、灭鼠和驱赶飞鸟等工作。养殖场内禁止饲养异类动物，防止疾病交叉感染；定期消灭舍内外的昆虫和鼠类，防止该类动物携带病原。对舍外定期进行修整和清理，减少昆虫类动物携带病原引发疾病传播。场内根据实际情况做好防虫及绿化工作；加强舍内小环境控制，配备温控设备及通风设施。圈舍保持适宜的饲养密度，严防饲养密度过大。舍内要有适宜的湿度，并有一定的密闭性，防治飞鸟进入传播疾病。

3. 落实好消毒防疫措施

养殖场内生活区和生产区要严格分区隔离。各区要设立消毒池，有条件的必须设立消毒通道。生产区内按照季节和疫病流行情况进行消毒。制定严格的消毒规程，从人员、车辆、物品、环境、器械、粪便、病料等着手，建立消毒制度并监督实施。消毒可以极大地减少养殖场内外环境中的病原微生物，降低疫病的发生率。具体措施如下：

（1）设置围墙将养殖场与外界有效隔离，防止外来人员、车辆及其他动物进入。笼舍要有防蚊蝇、防鸟、防鼠设施。场区外建防洪沟，利于雨水排出。

（2）养殖场门口要设立车辆消毒池和人员入场消毒通道。消毒池长度为进出车辆车轮的 2 倍以上，深度为 30cm，与门同宽，上方设遮雨棚；消毒池内注满消毒液，定期更换。生产区入口应设人员更衣消毒室，对进出人员进行更衣消毒。消毒通道内铺设消毒垫，并安装喷雾器、高压水枪、紫外线灯雾化消毒等设备且设备正常运转。

（3）场区内生产区、生活区和无害化处理区分区明显，各区间间距达 8m 以上或设置高 1.8m 以上的隔离墙。

（4）建立兽医室，配备相应的防疫、冷藏冷冻、蒸煮和高压灭菌设备，聘用具有相应资质的兽医技术人员，安排独立的解剖室和处理病死畜禽的地方。

（5）完善无害化处理措施。不具备病死畜集中处理条件的养殖场，要配备焚尸炉或设立独立的远离场区的掩埋场所，对病死畜禽尸体按要求进行深埋等无害化处理。实行雨污分离，采用与生产规模相适应的粪污处理设备；干湿分离，污水可通过发酵后还田，干粪可制售有机肥等。

4. 坚持"自繁自养"和"全进全出"的饲养模式

中小规模养殖场要尽可能实行"自繁自养"，不具备"自繁自养"条件的也要尽可能实行"全进全出"，严格执行空舍消毒制度和隔离观察制度。如需要引种，新引进动物需要在隔离舍饲养观察 30 天~60 天，并做好检疫、驱虫、免疫和监测工作，检验合格后方可与本场动物进行混群饲养。制定合格的生产管理流程，分段饲养，全进全出，便于统一管理。健全管理制度，建立一整套完善的管理制度，如养殖场生物安全管理制度和防疫制度、用药制度、消毒制度、无害化处理制度、疫病监测制度、隔离制度等。

5. 免疫接种

免疫接种是有效预防动物疫病暴发与流行的重要措施，也是打造养殖场生物安全体系的关键点。规模养殖场应根据当地动物疫病流行规律制定符合当地情况的免疫接种规程，确保疫苗免疫接种的质量。不可盲目实施免疫接种，应有计划地进行。在选择接种疫苗时应充分考虑动物品种的特点、疫苗特性，并根据本地的疾病流行情况及本地动物疫病的流行情况，选择符合本场的接种免疫途径与免疫程序，免疫剂量也应与实际相符合。通过有效的免疫接种可大大降低疫病暴发概率，降低因患病带来的经济损失，提高养殖的经济效益。所以中小规模养殖场应严格实施免疫程序，按要求及时足量地做好相关动物疫病的免疫工作，并建立、保存规范完整的进出栏、免疫、投料、喂药等生产记录。

6. 饲养人员的管理

管理饲养人员是做好生物安全措施的十分重要的环节。确保养殖人员有相当的稳定性，并对其活动有一定控制，对于预防疾病的发生有着十分重要的意义。要禁止外来人员进入养殖生产区，并对到场人员做好登记，询问近期内是否与动物有近距离接触。食堂禁止采购相关动物食品，更不能携带染疫动物产品。场内技术人员禁止向本场外提供技术服务，并定期进行生物安全和生产安全培训。

7. 适度规模养殖

为了适应新常态以及满足行业自身的需求，规模化养殖是养殖业的必然趋势。适度规模化可以增加经济效益，加强抵抗市场风险的能力，有效推进技术进步。养殖场可建立"公司+农户"或养殖合作社的生产管理模式，快速提高养殖量，形成规模化和标准化生产，并对养殖人员统一进行技术培训，提高生产技术水平。根据养殖场现有条件，合理安排生产规模，保持合理的养殖密度和良好的生长环境是很有必要的。

此外，中小规模养殖户还需做好应急预案和物资储备，及时了解和掌握本地区的重大动物疫情信息，一旦发现疫情及时上报，规范处置。

三、结论

生物安全体系的中心思想是严格的隔离、消毒和防疫，其关键控制点在于对人和环境的控制，建立起防止病原入侵的多方位屏障，使动物处于最佳的生活环境。

在当前动物疫病压力不断加大的情况下，中小规模养殖场必须重视和正确对待生物安全防控方面存在的各种薄弱环节，善于利用自然环境和设施设备，做到合理选址和布局、科学饲养和防控、粪污无害化处理和资源化利用，使基础设施完善、管理科学、资源节约、环境友好、质量安全、高产高效，实现养殖产业健康、稳定、持续发展。

参考文献

党起峰，李俊峰，2018. 规模化养殖场生物安全体系构建 [J]. 畜禽业，29（1）：30-31.

郝晓芳，徐佳，刘玲，等，2018. 从生物安全管理角度谈规模猪场对非洲猪瘟的防控 [J]. 黑龙江畜牧兽医，24：83-85.

姜桂祥，2019. 中小规模养殖场生物安全防控工作探讨 [J]. 现代农业科技，13：196-197.

秦智勇，2019. 浅谈规模养殖场非洲猪瘟防控生物安全体系建设 [J]. 畜牧兽医科技信息，2：4-5.

权自芳，2019. 非洲猪瘟背景下发展生猪产业的措施浅谈 [J]. 湖北畜牧兽医，40（6）：28-29.

王永利，孙学全，朱学荣，2010. 病死动物无害化处理现状、问题与建议 [J]. 养殖与饲料，12：82-84.

吴宇飞，庞训胜，2019. 生物安全体系视角下动物疫病控制体系的构建 [J]. 安徽农业科学，47（18）：100-102.

张昱，2017. 当前动物疫病防控形势 [J]. 兽医导刊，17：6.

第三章

专题研究

基于 HM 指数的
中国-南亚贸易研究

徐英婕

摘 要 ···

随着"一带一路"倡议的提出,南亚地区与中国的贸易不断推进。本文引入南亚相关国家与中国 2009—2018 年的各项进出口数据,通过 HM 指数,分析了中国-南亚国家的贸易现状、变化趋势以及贸易依赖程度。研究结果表明:①中国与南亚地区的贸易总额呈增长态势,印度是中国在南亚地区最大的贸易伙伴;②中国与南亚各国贸易显著不平衡;③中国在南亚的贸易格局一直以印度为主,以巴基斯坦和孟加拉国为辅;④中国出口对南亚国家的依赖程度明显低于南亚国家出口对中国的依赖程度。

关键词 ···

HM 指数;中国;南亚;贸易

南亚地区是重要的"一带一路"沿线地区。关于中国与南亚贸易情况的研究主要有中国与南亚贸易情况、竞争性和互补性、贸易的影响因素、农产品贸易、中国边疆省份与南亚地区或邻国的贸易等。本文从中国与南亚的贸易现状入手，对中国在南亚地区的贸易格局演变进行分析，并对中国与南亚国家的贸易相互依赖程度进行测算。

一、研究区域和方法

（一）研究区域

　　南亚，位于亚洲西南部，与中国陆上相邻，东北依喜马拉雅山脉，南临印度洋，东西两侧分别是孟加拉湾和阿拉伯海，处于联通霍尔木兹海峡与马六甲海峡的北印度洋地区，是连接中亚、东南亚、西亚的中间地带，地理位置特殊。传统意义上的南亚地区由印度、巴基斯坦、孟加拉国、尼泊尔、不丹、斯里兰卡和马尔代夫7个国家以及克什米尔地区组成。"一带一路"倡议把阿富汗划归南亚，因此，本文研究的南亚地区包括传统意义上的南亚7国以及阿富汗。

（二）贸易依赖度研究模型的构建

1. 数据来源

文中所用的贸易数据均来自中华人民共和国国家统计局和联合国商品贸易统计数据库（UN Comtrade）数据库。在中国出口对南亚各国的依赖程度的计算中，所用的数据查询方式是以中国为 Reporter（数据主体国家），以南亚各国为 Partner（贸易伙伴）；但在南亚各国出口对中国的依赖程度的计算中，因涉及南亚各国的总出口额，所以查询方式是以南亚各国为 Reporter，以中国为 Partner。

2. 研究方法

HM 指数（hubness measurement index）可用于测算自由贸易协会（free trade agreement）网络中的潜在轴心经济体，反映经济体之间的贸易依赖非对称性。公式如下：

$$HMb = \frac{Eab}{Ea} \times \left(1 - \frac{Xab}{Xb}\right) \times 100\%$$

该式中：Eab 表示 a 国到 b 国的出口总额；Xab 表示 a 国从 b 国的进口总额；Ea 表示 a 国的总出口额；Xb 表示 b 国的总进口额。HMb 的取值范围为 0~100%。HMb 指数越靠近 100%，表明 a 国出口对 b 国市场的依赖程度越大；反之，HMb 指数越靠近 0，表明依赖程度越小。

二、中国-南亚贸易情况分析

（一）中国-南亚贸易现状

从 2018 年中国与南亚国家进出口贸易总额来看，印度是中国最大的贸易伙伴，贸易额远超其他 7 国（图 1）。2018 年，中国与印度的贸易总额达到了 95 509 百万美元，占中国与南亚地区贸易总额的 63.39%；中国对印度的出口贸易额占中国对南亚地区出口贸易额的 65.10%；中国对印度进口贸易额占中国对南亚地区进口总额的 84.13%。其余 7 国中，巴基斯坦和孟加拉国与中国的贸易额比较大；斯里兰卡的贸易额与巴基斯坦和孟加拉国差距较大，但仍高于尼泊尔、阿富汗、马尔代夫以及不丹。

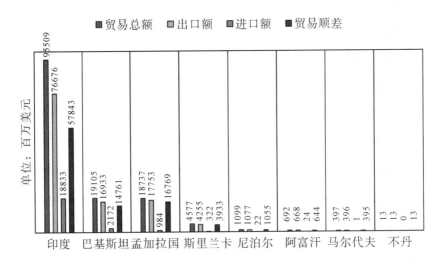

图 1　2018 年中国与南亚国家的贸易额

从中国与南亚国家的贸易差额来看，中国对南亚国家的贸易均为顺差状态。其中，中国对印度的贸易顺差最大，达到了 57 843 百万美元；其次是对巴基斯坦和孟加拉国的贸易顺差，分别为 14 761 百万美元和 16 769 百万美元。从中国对南亚各国贸易的出口额与进口额的比值来看，马尔代夫达到了 396，尼泊尔为 49，阿富汗为 28，巴基斯坦和孟加拉国分别为 7.80 和 18.04，数值最小的印度也达到了 4.07。可见，中国对南亚 8 国的出口额与进口额差距明显，贸易不平衡状况显著。

（二）中国与南亚国家的贸易趋势演变

1. 贸易总额和差额

自 2009 年以来，中国与南亚地区贸易总额和出口呈明显的增长态势（图 2）。中国与南亚地区的贸易总额占与全球贸易总额的比重由 2009 年的 2.59%增长到 2018 年的 3.03%；中国对南亚地区出口总额占对全球出口总额的比重由 2009 年的 3.59% 增至 2018 年的 4.82%。中国对南亚地区进口贸易额与出口贸易额相比，增长较为缓慢，主要原因是南亚国家经济基础薄弱、自然资源稀缺、制造业水平较低，与中国存在较大差距。中国对南亚地区进口总额占对全球进口总额的比重变化较小，仅由 2009 年的 0.69% 增长至 2018 年的 0.95%。可见，南亚地区在中国对外贸易中的比重比较小。从中国与南亚地区的贸易差额来看，中国一直处于贸易顺差状态，并且贸易顺差呈较快增长态势。2009 年中国对南亚地区的贸易顺差为 29 180 百万美元，2018 年中国对南亚地区的贸易顺差达到 99 760 百万美元，增长了约 3 倍。

由此可见，中国与南亚地区贸易不平衡显著。

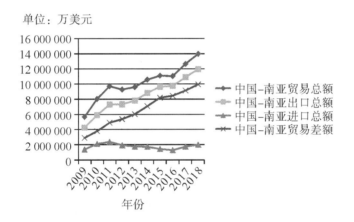

图 2　2009—2018 年中国与南亚地区的贸易发展变化

2. 空间分布

从中国与南亚各国贸易总额的空间分布来看，印度洋沿岸国家与中国的贸易额较高（表 1），贸易格局一直以印度为主，其次是巴基斯坦和孟加拉国，再次是斯里兰卡，末位 4 个国家的贸易总额较小。2009 年以来，中国与印度的贸易总额占中国在南亚地区贸易总额的 70% 左右，明显高于其他 7 国，这主要是由于印度的资源总量、经济发展水平、人口等远高于其他 7 国；巴基斯坦和孟加拉国与中国的贸易总额占中国与南亚地区贸易总额的 10%~20%；斯里兰卡与中国的贸易总额占中国与南亚地区贸易总额的 2%~5%。其余 4 国与中国的贸易总额由高到低依次为尼泊尔、阿富汗、马尔代夫、不丹。历年的排名没有变化。

表 1　中国与南亚国家贸易总额的变化

单位：百万美元

南亚国家	年份				
	2010 年	2012 年	2014 年	2016 年	2018 年
印度	61 761.20	66 473.33	70 576.11	70 179.47	95 509
巴基斯坦	8 668.62	12 413.65	15 998.35	19 147.06	19 105.4
孟加拉国	7 057.70	8 449.84	12 543.38	15 171.63	18 737.48
斯里兰卡	2 097.12	3 163.05	4 041.07	4 561.77	4 576.79
尼泊尔	742.67	1 997.68	2 330.65	888.68	1 099.37
阿富汗	178.95	469.24	410.93	435.83	691.67
马尔代夫	63.52	76.67	104.37	321.18	397.21
不丹	1.6	15.62	11.22	4.98	12.84

从中国对南亚各国出口额的空间分布看，中国出口额较高的国家同样集中在印度洋沿岸（表2）。中国对南亚国家出口的贸易格局与贸易总额的格局基本一致，主要以印度为主，其次是巴基斯坦和孟加拉国，再次是斯里兰卡。中国对其他 4 国的出口额较小。2010 年来，中国对印度的出口贸易额占中国对南亚地区出口总额的比重呈增长态势，占比在 60%~70% 之间；中国对巴基斯坦的出口贸易额占中国对南亚地区出口总额的 15%~20%；中国对孟加拉国的出口贸易额占中国对南亚地区出口总额的 10%~15%。

表 2　中国对南亚国家出口、进口贸易的变化

单位：百万美元

南亚国家	2010 年		2014 年		2018 年	
	出口	进口	出口	进口	出口	进口
印度	40 913.96	20 846.31	54 217.42	16 358.69	76 675.66	18 833.35
巴基斯坦	6 937.79	1 730.95	15 998.35	2 753.87	19 105.4	2 172.09

表2（续）

南亚国家	2010 年		2014 年		2018 年	
	出口	进口	出口	进口	出口	进口
孟加拉国	6 789.10	268.88	11 782.27	761.11	17 753.06	984.42
斯里兰卡	1 994.85	102.28	3 792.8	248.27	4 255.05	321.75
尼泊尔	731.26	11.42	2 283.58	47.07	1 077.37	22
阿富汗	175.26	3.68	393.56	17.37	667.59	24.08
马尔代夫	63.48	0.048	103.99	0.38	396.17	1.03
不丹	1.59	0.013	11.12	0.1	12.83	0.01

从进口额的空间分布看，中国在南亚地区的主要进口国是印度，其次是巴基斯坦，再次是孟加拉国、斯里兰卡。中国对印度的进口贸易额占中国对南亚地区进口总额的 90% 以上。其余 6 国在中国对南亚地区进口贸易中的比重较小。其中，孟加拉国和斯里兰卡一直分别位列第三、第四，贸易额远高于阿富汗、尼泊尔、马尔代夫和不丹。

三、中国与南亚国家的贸易依赖程度

（一）中国出口对南亚国家的依赖程度

中国出口对南亚国家的依赖程度偏低，整体呈缓慢增长态势（图3）。中国出口对印度的依赖程度明显高于对其他 7 国的依赖程度，对巴基斯坦和孟加拉国的依赖程度略高于对其他 5 国的依赖程度。

2009 年以来，中国出口对印度的依赖程度整体呈增长态势，而在 2012 年和 2013 年出现了下降，下降主要受世界经济环境的影响。巴基斯坦长期以来都是中国在南亚地区关系最友好的贸易伙伴。2009—2018 年，中国出口对巴基斯坦依赖程度的变化大致可分为三个阶段：第一阶段，2009—2012 年，依赖程度较小；第二阶段，2013—2016 年，自"一带一路"倡议提出以来，依赖程度明显加大；第三阶段：2017—2018 年，依赖程度有所减弱。孟加拉国有部分数据缺失，仅从 2009—2013 年的数据情况看，中国出口对孟加拉国的依赖程度呈波动上升态势。中国出口对斯里兰卡的依赖程度自 2009 年以来呈极缓慢的上升态势。

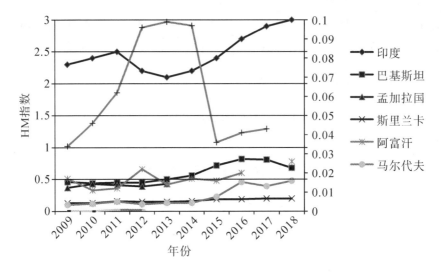

图 3　中国出口对南亚各国的依赖程度

中国出口对尼泊尔、阿富汗、不丹和马尔代夫的依赖程度非常低。从 2009 年来的数据来看，中国出口对不丹的依赖程度无明显变化；对尼泊尔的依赖程度在 2009—2013 年呈上升态势，2014—2015 年迅速降至 2009 年左右的水平，之后再缓慢上升；中国出口对马尔代夫的依赖程度从 2009—2015 年变化程度不大，从 2015—2018 年波动上升。

（二）南亚出口对中国的依赖程度

南亚国家出口对中国的依赖程度整体上高于中国出口对南亚国家的依赖程度（图 4）。南亚国家出口对中国依赖程度最高的是巴基斯坦和印度，这两个国家出口对中国的依赖程度明显高于其他 6 国，并且自 2011 年以来，中国出口对巴基斯坦的依赖程度明显高于对印度的依赖程度。

印度出口对中国的依赖程度呈曲折波动变化，可分为三个阶段：2009—2010 年，迅速回升阶段；2011—2016 年，快速下降阶段；2016—2018 年，重新回升。这种变化主要是因为印度出口中国的贸易额占其出口总额的比重受国际大环境影响，并且印度受工业化水平的限制，对华产品输出能力较差。巴基斯坦出口对中国的依赖程度可分为两个阶段：第一阶段，2009—2012 年，波动上升，2009 年和 2012 年增幅较大，2012 年达到了 2009—2018 年的最高值；第二阶段，2013—2018 年，持续快速下降。孟加拉国出口对中国的依赖程度自 2009 年以来呈缓慢上升态势。斯里兰卡出口对中国的依赖程度自 2009 年来曲折变动，可以看出近年来斯里兰卡出口对中国的依赖程度波动比较频繁。

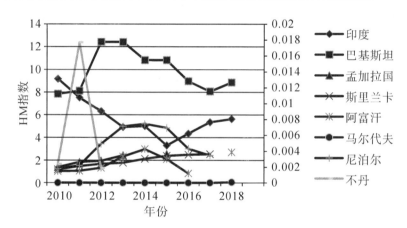

图 4　南亚国家出口对中国的依赖程度

阿富汗、尼泊尔的数据缺失较多，从现有的数据来看，阿富汗和尼泊尔出口对中国的依赖程度波动较频繁。阿富汗出口对中国的依赖程度自 2008 年以来呈 "M" 形波动，可分为四个阶段：第一阶段，2009—2010 年，快速增长阶段；第二阶段，2011—2012 年，快速下降阶段；第三阶段，2013 年，快速增长，快于 2008—2010 年；第四阶段，2014—2016 年，快速下降阶段。尼泊尔出口对中国的依赖程度比较高，以 2014 年为分界点，呈现先上升后下降的变化趋势。马尔代夫和不丹出口对中国的依赖程度的变化趋势不明显，并且数值极低。

四、结论和建议

（一）结论

通过以上分析可知，中国与南亚各国贸易显著不平衡，表现为中国对南亚各国的贸易均为顺差。2009 年以来，中国与南亚各国的贸易总额呈增长态势，印度是中国在南亚地区最大的贸易伙伴；中国在南亚的贸易一直以印度为主，以巴基斯坦和孟加拉国为辅，其余 5 国贸易占比极小。

中国与南亚国家的相互依赖程度不平衡，中国出口对南亚国家的依赖程度明显低于南亚国家出口对中国的依赖程度。中国出口对南亚国家依赖程度最高的是印度，其次是巴基斯坦和孟加拉国；南亚国家出口对中国依赖程度最高的是巴基斯坦和印度，这两个国家出口对中国的依赖程度明显高于其他 6 国。随着"一带一路"倡议的提出，中国出口对南亚国家的依赖程度整体呈增长态势，而南亚国家出口对中国的依赖程度没有明显的增长迹象，且多呈下降以及曲折波动态势。

（二）建议

1. 增强与印度之外 6 国的贸易往来

中国在与南亚地区的经贸合作中，要从贸易潜力较大的小国"逐步突破"，虽然中国与印度的贸易量占了中国与南亚贸易总量的 60% 以上，但与其他 7 国的贸易往来对于中国而言也必不可少。具体建议如下：第一，加强政治领域的互动，协商制定推动双边贸易发展的对策，达成在贸易领域的合作共识，拓宽与南亚国家贸易合作的领域；第二，通过接收南亚国家留学生、投资教育、举办文化交流会以及开展旅游业合作等方式加强与南亚国家的文化交流；第三，继续重点推进中国与巴基斯坦、阿富汗、尼泊尔的公路和铁路的联通建设，并向相关国家提供物资和技术支持。

2. 加强与印度的关系

在中国与南亚地区的经贸合作中，无论是涉及印度同南亚国家的双边合作，还是涉及中国与南亚国家的多边区域性合作，印度都积极参与和支持。在"一带一路"建设中，南亚是极为重要的，而印度则是中国与南亚地区经贸合作中的关键。要加强与印度的战略协调关系，同时，选择与那些经济上相对比较落后和困难较多的南亚国家开展紧密的双边合作。从长远来看，中国采取这样的战略安排与南亚地区进行经贸合作是明智和有效的。

参考文献

陈继东，李景峰，2010. 金融危机背景下的中国-南亚经贸形势 [J]. 南亚研究季刊，3：66-71+76.

耿仲钟，肖海峰，2016. 新时期中国与南亚农产品产业内贸易水平研究 [J]. 对外经贸，5：4-8.

胡彬国，2014. 中国对南亚国家贸易影响因素研究 [D]. 昆明：云南财经大学.

李涛，王新有，2011. 中国西藏与南亚邻国间的边贸研究：现状、问题与前景 [J]. 南亚研究季刊，2：68-76.

伍娅湄，2016. "一带一路"背景下中国与南亚贸易合作研究 [D]. 昆明：云南财经大学.

张雨佳，张晓平，龚则周，2017. 中国与"一带一路"沿线国家贸易依赖

度分析 [J]. 经济地理, 37 (4): 21-31.

赵蕾, 王国梁, 吴樱, 等, 2019. "一带一路" 背景下中国在南亚的贸易格局分析 [J]. 世界地理研究, 28 (5): 44-53.

苏轼的科举观与忠厚思想

余红艳

摘　要

苏轼在参与科举的过程中显露出忠厚思想。其思想包含行仁政、求稳定、求厚重等方面，涵盖个体、朝廷、社会各个层面。其科举观以忠厚思想为指导，以取忠实之士为目的，以"正学术、厚风俗，不至蹈衰季之风"为最终旨归，包含宽厚、适实、适中、责实不伪、朴实、公平公正、中正、实事求是、宽严有度等内涵。

关键词

苏轼；科举观；忠厚思想

宋朝的科举制度到宋真宗时期已基本形成定制。苏轼在宋仁宗时期进士及第、文仕通显后，曾参与主持多次科举考试：嘉祐八年（1063 年）考试永兴军；熙宁二年（1069 年）为国子监考试官，熙宁三年（1070 年）为殿试编排官，熙宁五年（1072 年）在杭州监试举人；元祐元年（1086 年）在学士院任职并出考题，元祐三年（1088 年）任权知贡举。早期，他对当时的科举理念、科举职责功能、运行法则都比较认同，此时其忠厚思想初露。到宋神宗王安石变法期间，苏轼参与科举变革讨论，其忠厚科举观与忠厚思想得以呈现。到宋哲宗时期苏轼出任贡举考官，他通过对考试人员配置、考试内容和考试方法等多方面的思考和进谏，践行了忠厚科举观与忠厚思想。

　　总体来看，苏轼的科举观以忠厚思想为指导，以取"忠实之士"为目的，以"正学术、厚风俗，不至蹈衰季之风"为最终旨归，包含宽厚、适实、适中、责实不伪、朴实、公平公正、中正、实事求是、宽严有度等内涵。其忠厚思想是在参与科举的过程中逐渐显露出来的，包含行仁政、求稳定、求厚重等方面，涵盖个体、朝廷、社会各个层面。

一、科场及第：忠厚思想初现

宋仁宗嘉祐二年（1057 年），苏轼应礼部试，作《省试刑赏忠厚之至论》，以忠厚为论点阐述儒家的仁政思想。这是其忠厚思想的初露。

嘉祐六年（1061 年）正月，欧阳修等人推荐苏轼兄弟应朝廷求直言之士的诏书，苏轼向朝廷内外两制大臣发集体公开信——《应制举上两制书》。信中指出了宋朝法治方面和任人方面存在的问题，对当时"好名太高而不适实"的社会风气进行了批评。八月，苏轼参加制科考试，考入第三等，被授予大理评事，担任凤翔府节度判官厅公事一职。苏轼作《谢制科启二首》，表达自己对朝廷取士"宽厚"的感谢，并认为朝廷选拔人才当取"刚柔适中之士"。

在《应制举上两制书》中，苏轼指出："夫人各有才，才各有小大。大者安其大，而无忽于小。小者乐其小，而无慕于大。是以各适其用，而不丧其所长。及至后世，上失其道，而天下之士，皆有侈心，耻以一艺自名，而欲尽天下之能事。是故丧其所长，而至于无用。今之士大夫，其实病此也。"苏轼在此批评了当时"好名太高而不适实"的社会风气，批评士人"自许太高，而措意太广"，以至于"贤人君子布于天下，而事不立"。

在《谢制科启二首》中，苏轼认为，朝廷取人当察举之法与考试之法并用。因为朝廷取人"难"，单纯地进行一次考试或用察举法来取人均有弊端：通过一次考试选才容易"掩之于仓卒，所以为无私也，然而才行之迹，无由而深知"；用察举法虽"要之于久长，所以无失也，然而请属之风，或因而滋长"。苏轼还以隋唐考试之法、魏晋察举法之弊端来证明其观点，并在最后指出，最好的选才方式是"兼用考试察举之法"。

在《谢制科启二首》中，苏轼认为，"国家取人之科，惟是刚柔适中之士"。太刚之人"则恶，其猖狂不审"，太柔之人"则畏其选懦不胜"，只有

"刚柔适中之士"，才可以胜任国家的管理事务。

从以上应试和制科论文来看，苏轼的忠厚取士观已有所表露。他对朝廷待士"宽厚之风"的赞扬，对"好名太高而不适实"的作风的批评、对朝廷取士之法与取士标准的建议，都可以视作其忠厚科举观的表现。彼时其忠厚科举观是与宽厚、适实、适中、公平公正等词联系在一起的。

二、反对王安石科举改革：忠厚科举观确立

宋神宗熙宁四年（1071年），王安石变法，主张变更科举取士制度，以"经义取士"代替"诗赋取士"，以学校代替科举。

王安石变法的内容具体为：进士科"罢诗赋、帖经、墨义，士各占治《易》《诗》《书》《周礼》《礼记》一经，兼《论语》《孟子》。每试四场，初大经，次兼经，大义凡十道，后改《论语》《孟子》义各三道，次论一首，次策三道"。

对此变革，苏轼写下《议学校贡举状》，以示反对。文中先摆出观点："得人之道，在于知人，知人之法，在于责实。"苏轼认为，只要自上而下地施行"责实之政"，就能选到人才，何必变制？

苏轼接着从学校自古以来都承担育人功能而非选才功能说起，结合庆历兴学的失败，说明以学校代科举这条路走不通。再对比古今，建议仍然沿用科举旧制："至于贡举之法，行之百年，治乱盛衰，初不由此。陛下视祖宗之世，贡举之法，与今为孰精？言语文章，与今为孰优？所得文武长才，与今为孰多？天下之事，与今为孰办？较比四者，而长短之议决矣。"

至于变革者倡导的变化，"或曰乡举德行而略文章，或曰专取策论而罢诗赋，或欲举唐室故事，兼采誉望，而罢封弥；或欲罢经生朴学，不用贴、墨，而考大义"，苏轼一一驳斥。对"举德行而略文章"这一重德行轻文才的做法，

苏轼进行了尖锐批评，认为这会导致"伪"的出现："君之所向，天下趋焉。若欲设科立名以取之，则是教天下相率而为伪也。上以孝取人，则勇者割股，怯者庐墓。上以廉取人，则弊车羸马，恶衣菲食。凡可以中上意，无所不至矣。德行之弊，一至于此乎！"

对于专取策论罢诗赋或以"经义取士"代替"诗赋取士"的做法，苏轼也坚决反对。他说，诗赋取士"自祖宗以来莫之废者"，"岂独吾祖宗，自古尧舜亦然"；又以本朝"文章华靡"的杨亿、"通经学古"的孙复、石介等人为例，说明能诗赋者并非不是国家栋梁，"通经学古"者并非一定就是能"施于政事"者："自唐至今，以诗赋为名臣者，不可胜数，何负于天下，而必欲废之！"并揭示了只考策论或"经义取士"的弊病予——不仅会导致士人临考时"纂类经史，缀缉时务，谓之策括；待问条目，搜抉略尽，临时剽窃，窜易首尾，以眩有司"，且会造成士人文章质量大大下降，为文既无规矩准绳，也无声病对偶。苏轼说，通过这样的考试选拔出来的人才，能称得上好和精吗？"以易学之士，付难考之吏，其弊有甚于诗赋者矣。"

对"欲举唐室故事，兼采誉望，而罢封弥"，苏轼认为："唐之通榜，故是弊法。虽有以名取人，厌伏众论之美，亦有贿赂公行，权要请托之害，至使恩去王室，权归私门，降及中叶，结为朋党之论。通榜取人，又岂足尚哉。"

而对"罢经生朴学，不用贴、墨，而考大义"的做法，苏轼也表示反对："今进士日夜治经传，附之以子史，贯穿驰骛，可谓博矣。至于临政，曷尝用其一二？顾视旧学，已为虚器，而欲使此等分别注疏，粗识大义，而望其才能增长，亦已疏矣。"

最后苏轼总结："愿陛下明敕有司，试之以法言，取之以实学。博通经术者，虽朴不废；稍涉浮诞者，虽工必黜。则风俗稍厚，学术近正，庶几得忠实之士，不至蹈衰季之风，则天下幸甚。"

从中可见，苏轼的反变革理念实际上是或部分上是"求忠厚"。因"变"

易引起不稳定，"变"中蕴含机心机巧，"变"会带来虚伪浮浅、带来"不实""不忠厚"，与其忠厚思想背道而驰，因而苏轼反对"变"。苏轼还认为，只要朝廷行"责实"之政，天下学子行不伪之风，学风"朴实"不浮诞，最终就一定能实现厚风俗、正学术、得"忠实"之士的目的，就不会蹈衰季之风。这才是科举考试的最终目的，也是国家之大幸运。

可见，在与王安石科举变革的争论中，苏轼"责实、不伪、朴实"的忠厚科举观已然形成，其"厚风俗、正学术、得忠实之士，不至蹈衰季之风"的科举忠厚体系得到阐发，求稳定求厚重的忠厚思想，也得到体现。

三、主持科举考试：忠厚思想之实践

宋哲宗元祐三年（1088年），苏轼权知礼部贡举时，天降大雪，举子不能如期参考。苏轼上《大雪乞省试展限兼乞御试不分初覆考札子》，请求朝廷延期考试。为解决延期考试带来的延迟放榜问题，苏轼建议将出考、覆考、编排、详定四处考官集中在一起办公，以提高工作效率。在考试过程中，苏轼下令放宽考场禁约，允许考生活动手脚、活动身心。《宋史·苏轼传》载："三年，权知礼部贡举。会大雪苦寒，士坐庭中，噤未能言。轼宽其禁约，使得尽技。"对于朝廷派来的巡铺官，凡是无理生事、侮辱举子的，苏轼便上奏朝廷，将其免除职务，逐出考场。作为主考官的苏轼，在考试中和考试前后都体现出对举子的关心，这表现出其"宽厚"的一面。

同时，本着实事求是的态度作风，苏轼在元祐三年（1088年）主持贡举时，又连上数道奏章，对科举考试和科举制度中不合理、不严肃的一面予以了斥诉和建议。这其中包括考试过程中上奏的《贡院札子四首》（《奏巡铺郑永崇举觉不当乞差晓事使臣交替》《奏劾巡铺内臣陈恺》《申明举人卢君修王灿等》《论特奏名》）。考试后上奏的《御试札子二首》（《放榜后论贡举合行事件》

《秦乞御试放榜馆职皆侍殿上》）、《省试放榜后札子三首》（《乞裁减巡铺兵士重赏》《乞不分经取士》《乞不分差经义诗赋试官》）则对考试的形式、内容、考官设置等提出了自己的见解。元祐四年（1089 年），苏轼知杭州，上奏朝廷勿以诗赋经义五分取士，应按实际人数来分比录取。元祐八年（1093 年），苏轼上奏朝廷，建议拓宽考题范围。

（一）建议取消"特奏名"

特奏名是宋朝科举考试中一种新制，是对多次参试而未被录取举人的考生的一种优待。特奏名由皇帝亲自选拔录用，授予出身或官职。从宋太祖乾德四年（966 年）第一次复试落第举人考试开始，到宋真宗咸平三年（1000 年）正式实行特奏名制度，宋朝录取进士人数猛增。

元祐三年（1088 年）二月，苏轼权知礼部贡举时写给朝廷四道奏折《贡院札子四首》，其中一道为《论特奏名》，对朝廷"特奏名"制度表示了反对。他说，"天下之患，无过官冗"，而北宋"官冗"的"流弊之极，至于今日，一官之阙，率四五人守之，争夺纷纭，廉耻道尽，中材小官，阙远食贫，到官之后，求取渔利，靡所不为，而民病矣"。除祸害百姓外，冗官还加重朝廷财政负担，"今日之弊，譬如赢病之人，负千钧之重"。而那些"恩榜得官之人，布在州县，例皆垂老，别无进望，惟务黩货以为归计，贪冒不职，十人而九。朝廷所放恩榜几千人矣，何曾见一人能自奋励有闻于时？而残民败官者不可胜数。以此谓其无益有损，不言可知"。奏折最后以"贴黄"的形式，借在职吏部官员孙觉所见，再次讲述了"冗官"的害处。

（二）建议严格录取

元祐三年（1088 年）三月，苏轼上《御试札子二首·放榜后论贡举合行事件》，再次奏明朝廷，特奏名"恩泽太滥"，乞请改制。并针对参加殿试的过省举人不论合格与否全都过关之流弊奏请朝廷，在将来殿试时，"除放合格人外，其余并皆黜落，或乞以分数立额取人"，从而使"上无姑息之政，下绝侥幸之心"。同一文中，苏轼又针对"今者南省十人已上，及别试第一人，国学开封解元，武举第一人，经明行修举人，与凡该特奏名人正及第者，皆著令升一甲"这一"滥恩"情况奏请朝廷，"今后殿试唱名，除南省逐场第一人临时取旨外，其余更不升甲"。

（三）建议不分经取士，也不分差经义诗赋试官

元祐三年（1088年）三月，苏轼作《省试放榜后札子三首》，其中的《乞不分经取士》阐述了分经取士的弊端，当某经因参试人数少因而合格人数少时，则降分录取以次充好；反之，参试人数多的某经，则因人数多名额少而导致优秀考生被刷掉。苏轼提议今后"更不分经，专以工拙为去取"。

另一篇《乞不分差经义诗赋试官》则据《乞不分经取士》提出，针对朝廷分别安排经义、诗赋考官。苏轼说："既复诗赋与经义策论通考，举人尚不分经，而试官乃分为二，甚无谓也。"他认为朝廷所差考官，应是词学具优者，不管经义还是诗赋都应精通。因此请求朝廷"今后差试官不拘曾应经义、诗赋举者，专务选有词学之人充，其礼部近日所立条贯，更不施行"。

（四）建议取消巡铺官重赏

宋代省试机构主要是礼部贡院，考官分内帘官和外帘官。内帘官指"主司及应预考校之官"，主要有知贡举、同知贡举、参详官、点检试卷官、监试官等。外帘官是指为考试和阅卷服务的考官，主要有封弥官、誊录官、编排官、对读官、监门官、巡铺官等。巡铺官是宋代省试机构的外帘官，负责监督和维持考场秩序。

元祐三年（1088年）二月，苏轼连上四道奏折《贡院札子四首》，有三篇都与巡铺官有关：《奏巡铺郑永崇举觉不当乞差晓事使臣交替》《奏劾巡铺内臣陈恺》《申明举人卢君修王灿等》。此三篇奏折针对巡铺官滥用职权、胡作非

为，致举子合法权益和人格尊严受损现象，建议罢黜犯事巡铺官。《奏劾巡铺内臣陈慥》中说："内臣陈慥乃敢号令众卒，齐声唱叫，务欲摧辱举人，以立威势，伤动士心，损坏国体，本院无由约止。伏望圣慈特赐行遣。"元祐三年（1088 年）三月，苏轼《省试放榜后札子三首·乞裁减巡铺兵士重赏》一折再奏朝廷：因朝廷重赏巡铺士卒，因而导致其执法时"非理罗织"，"以成其罪，其间不免冤滥"，因此"欲乞下有司立法裁减重赏及减定巡铺兵士人数，如非理罗织举人，即重行则罚，以称朝廷待士之意"。《宋史·苏轼传》记载："巡铺内侍每摧辱举子，且持暧昧单词，诬以为罪，轼尽奏逐之。"

（五）建议朝廷按实际情况分配各地解额

元祐四年（1089 年），苏轼知杭州时又向朝廷上《乞诗赋经义各以分数取人将来只许诗赋兼经状》，建议朝廷按实际情况分配各地解额。奏折根据杭州进士汪渐等一百四十人的陈状，对朝廷按照诗赋、经义各五分取人的做法表示了反对。奏折指出全国各地习诗赋的士子较习经义的人数多，因而五分取士法不合理，应"随诗赋、经义人数多少，各纽分数发解"。

（六）建议拓宽试题范围

元祐八年（1093）五月，针对《元祐贡举敕》中"诸诗赋论题于子史书出。唯不得于老庄子出。如于经书出，而不犯见试举人所治之经者。谓如引试治《诗》《书》举人，即听于《易》《春秋》经传出诗赋论题。引试治《易》《春秋》举人，即听于《周礼》《礼记》出诗赋论题之类"的出题范围，苏轼上《奏乞增广贡题札子》，指出出题范围太过狭窄，既无法进行科场操作，也不利于展示举子的真实水平。苏轼因此向朝廷建议，拓宽出题范围，并在试卷题目下"备录上下全文，并注疏不得漏落"。这样既能展示举子的真实水平与能力，又能彰显"朝廷待士之意"，"本只以工拙为去取，不以不全之文掩其所不知以为进退，于忠厚之风，不为无补"。

总之，苏轼在主持和参与修订科举考试时，充分考虑和体现了"朝廷待士之意"和"忠厚之风"。他宽待考生，严惩无理闹事的巡铺官；他建议拓宽试题，详注试题，不出偏题怪题为难考生。同时他又建议不分经取士，建议按照实际报考人数按比分配解额；还建议取消特奏名，建议严格选才宁缺毋滥……他的忠厚体现在他对朝廷、对国家、对举子的态度上，体现在他对科举制度的完善上，体现在他的公平公正、中正、实事求是、宽严有度上。

四、结论

苏轼的忠厚思想在参与科举的过程中逐步显露，并得以成型和实践。其在科举参与过程中体现出来的忠厚思想主要为行仁政、求稳定、求厚重。

在科举考试中，苏轼追求和实践着他的忠厚思想，将"忠厚之风"始终贯穿其中。他以忠厚原则去探讨和衡量科举制度的方方面面，包括制度方面、执行方面、监督方面、改革方面、用人方面，并对各个方面提出了自己的见解和意见。在制度方面，他要求公平合理、切合实际，有利国家举子人民；在执行方面，他要求公正宽厚，宽严有度，厚待举人又绝不滥施恩典；在监督方面，他杜绝罗织罪名，摧辱人格；在改革方面，他看重稳定，反对浮浅不实；在用人方面，他要求人有专长，适实不伪，个性中正。

总之，苏轼从朝廷国家计、从百姓士子计、从制度职守计，树立了忠厚思想和忠厚科举观，并予以践行。他的忠厚思想和忠厚科举观涉及个体、朝廷、社会，他期望由"科举忠厚"带动个体忠厚、朝廷忠厚，并最终达至社会忠厚。这对当今社会具有重要的启示作用。

参考文献

陈峰，1998. 宋代科举考试制度 [J]. 历史教学，1：49-50.

脱脱，1997. 宋史 [M]. 北京：中华书局.

夏亚飞，2016. 宋代科举考官制度研究 [D]. 开封：河南大学.

张希清，1993. 中国科举考试制度 [M]. 北京：新华出版社.

张志烈，马德富，周裕锴，2012. 苏轼全集校注 [M]. 石家庄：河北人民出版社.

周宝砚，2012. 试析宋代科举考试制度的主要特点 [J]. 世纪桥，19：80-82.

基于三苏文化视角的眉山旅游地形象与游客行为意向互动效应研究

罗惠扬

摘　要··

良好的旅游地形象对旅游地的营销和发展起着至关重要的作用。本文对眉山三苏文化旅游资源发展的现状进行分析，以三苏祠景区作为旅游地形象案例，通过实地调研和数据分析对眉山旅游地的经济、民风、环境和游客旅游体验及其意向行为的互动关系进行研究，基于三苏文化视角探索目前眉山旅游地形象发展存在的问题和挑战，从而提出具有实操性的建议，即从展示文化独特性，重视游客不同类型的体验，加大文化宣传等方面进一步提升旅游地形象，以期促进眉山旅游地形象建设和三苏祠景区更好地发展。

关键词··

三苏文化；旅游地形象；行为意向

旅游地形象是政府、专家、游客、目的地社群和媒体等相关群体对旅游目的地总体的、抽象的、系统的、概括的认识和评价。旅游地的建筑物、道路、交通、商店、旅游景点、生活设施等，都是构成印象和感受的基本要素。市民行为、文化氛围、风土人情等又都是形成富有特色的目的地形象的最关键的内容。近年来，眉山市围绕三苏文化，发展文化产业，运用创新的理念和手法将三苏文化渗透到现代化建设的各个方面，以三苏为媒，加强对外交流和招商引资全面发展。

　　国外对文化旅游地的开发和宣传较早，如今欧洲已形成标志性的文化旅游地；而中国的文化旅游正在逐渐兴起，总体上保护开发不及国外。国内对三苏文化的影响力虽有一定关注，但目前对眉山作为东坡故里、三苏文化的发源地的相关研究主要着眼于对三苏文化的历史解读和景观应用开发等，基于三苏文化视角的眉山旅游地形象构建研究尚属空白。三苏文化作为眉山旅游的标杆意向，其重要性不言而喻，因此从最具有代表性的意向入手来考察眉山旅游地形象构建乃至后续的进一步发展，成为目前眉山旅游研究所遇到的巨大挑战之一。如何从三苏文化入手来深入研究眉山旅游地形象与游客旅游意向之间的互动关系，对当下提出的建设眉山环成都经济圈对外开放发展示范市也将具有深远意义。因此，为了建立三苏文化与眉山旅游地形象之间的联系，考察三苏文化与游客互动的相互关系，本文将基于三苏文化视角对眉山旅游地形象与游客旅游意向之间的互动效应进行研究。

一、研究方法与数据搜集

（一）问卷设计

本文以眉山三苏祠景区的游客为调查对象，以眉山文化旅游地形象、游客旅游体验及其意向行为为切入点，结合景区与三苏文化旅游特点，设计了调查问卷。

（二）问卷发放

采用在线发放与实地发放相结合的方式，重点对三苏祠景区的游客进行问卷调查。共发放问卷 260 份，回收有效问卷 220 份，有效问卷率为 85%。

本研究将从三个方面入手：游客的基本信息；游客对眉山旅游地形象的了解情况；参观三苏祠和三苏博物馆以后游客的旅游体验。本文将通过对这三个方面的调查研究与分析总结，对三苏文化与眉山旅游地形象进行大致的研究与探讨，以期揭示三苏文化对眉山旅游地形象作用的本质，为眉山旅游地形象的发展和创新提供理论参考，为眉山旅游的发展打下坚实的基础。

二、数据分析与结果

（一）游客基本信息的描述性统计分析

被调查者的基本特征如表 1 所示。其中男性游客和女性游客的比例大致相等；游客主要来自外地及眉山周边区县；年龄主要集中在 18~45 岁；职业以文教科技类单位人员为主；受教育程度以本科及以上为主；人均月收入为 2 000~6 000 元。由此看出，被调查的游客受教育程度较高，对三苏祠这类文化旅游地

比较感兴趣。另外，大多数人是跟朋友出游或集体游览的，且只游览过一次的
较多。这些数据在一定程度上真实地反映了文化旅游地游览的特点。

表1　游客的基本信息

项目		人数（人）	占比（%）
性别	男	106	48.18
	女	114	51.82
来源地	眉山地区	76	34.55
	境内除眉山以外的地区	142	64.54
	港澳台地区	2	0.91
年龄	18岁以下	3	1.36
	18~25岁	54	24.55
	26~35岁	62	28.18
	36~45岁	73	33.18
	46~55岁	28	12.73
职业	政府公务员	45	20.45
	企业工作人员	10	4.55
	（文教科技类）事业单位人员	77	35
	服务/销售人员	41	18.64
	学生	47	21.36
受教育程度	初中及以下	3	1.36
	高中/中专	17	7.73
	大专	36	16.36
	本科	81	36.82
	硕士及以上	83	37.73

表1(续)

项目		人数（人）	占比（%）
月均收入	2 000 元及以下	49	22.27
	2 001~4 000 元	69	31.36
	4 001~6 000 元	68	30.91
	6 001~8 000 元	32	14.55
	8 000 元以上	2	0.91
游览的三苏祠次数	1 次	135	61.36
	2 次	58	26.36
	3 次	11	5
	3 次以上	16	7.27
旅游兴趣	毫无兴趣	0	0
	有一点兴趣	86	39.09
	无所谓	29	13.18
	比较感兴趣	89	40.45
	非常感兴趣	16	7.27
旅行方式	通过旅行社	5	2.27
	与亲友自助游	215	97.73
	单独一人自助游	0	0

（二）游客对眉山旅游地形象的了解情况

（1）由图1可以看出，游客对眉山城市人民生活水平的认可度较高，但对眉山地方经济发展状况和地方特色推广程度还没有明显感受，这直接减少了游客选择眉山作为旅游地的概率。眉山旅游业不发达，也直接影响着眉山城市的经济发展。

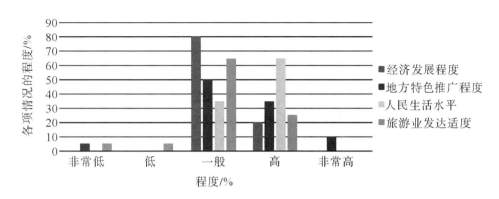

图1　眉山经济发展情况

（2）图2结果显示，旅游者对眉山当地人民的教育、友善、诚信和助人为乐方面有高认可度。城市人民受教育程度明显高于其他几个方面。游客在眉山旅游时，对眉山的城市形象好感度较高。

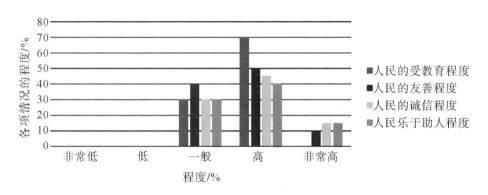

图2　眉山民风情况

（3）图3显示，旅游者对眉山城市的交通和环境以及环保力度赞赏度非常高。城市间交通便利；游客和当地人民沟通顺畅，虽然部分外地游客认为眉山方言具有地方性，但并不影响交流；城市环境优美，气候宜人。由此可以看出眉山城市环境具有很高的旅游舒适度。

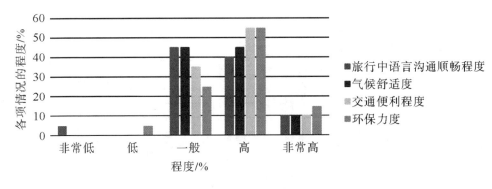

图 3　眉山环境情况

（三）旅游者参观三苏祠和三苏博物馆后的旅游体验

1. 历史积淀，俯察过往

由图 4 可以看出，三苏祠优美的自然环境让多数游客领略到了川西园林之美。祠中的古建、文物让游客触碰到历史遗迹，犹如身临其境。同时也让游客了解了三苏父子的生平事迹，从千年历史积淀中，感受三苏文化。

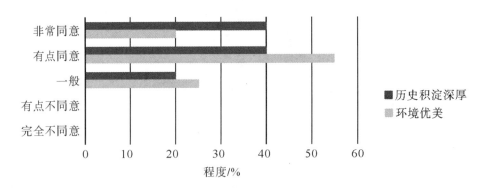

图 4　游客对三苏祠和三苏博物馆的历史积淀及环境的体验

2. 文明意向，文化传承

图 5 显示，游览三苏祠后，多数游客重新认识了苏洵、苏轼、苏辙这一门三父子，并为苏轼的生平事迹和他的精神所感动。但在游览中，情感共情体验不足，诗歌文字的讲解较少，很难将诗歌中吟诵的意境与景观相联系。游览了

三苏祠后，参与调查的游客中有 50%的游客表示今后会更留意和阅读苏东坡的作品，也会向他人推荐三苏祠作为旅游目的地。

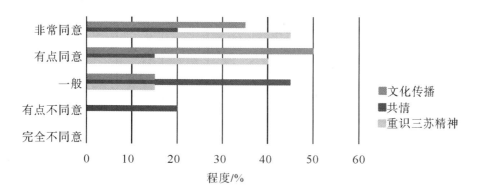

图5　游客三对苏祠和三苏博物馆的文化传播、共情及三苏精神的体验

3. 心旷神怡，流连忘返

图6显示，游客在三苏祠中感受到了浓厚的诗歌文化氛围，能在心中感受诗中传递的精神；游览过程中轻松自在，心情愉悦。但在参观游览中增进和家人朋友之间的感情方面感受不足。

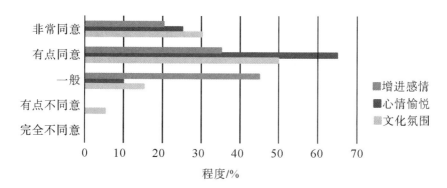

图6　游客对三苏祠和三苏博物馆的情感和文化氛围的体验

4. 人文交互，个性服务

图7显示，在参观过程中，游客对景区工作人员服务态度满意，对景区管理中的标识、讲解系统、售票系统较为满意；景区游客参观秩序井然。但三苏

祠中并没有相关的传统文化体验活动，游客的互动体验感不理想；较少人购买了相关的文化或文创产品，游客重游愿意不强烈。

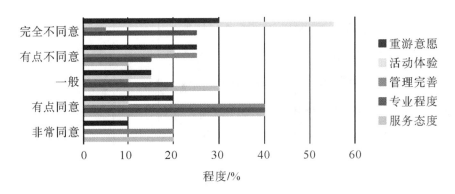

图 7　游客对三苏祠和三苏博物馆的
管理系统和文化体验活动的体验

四、政策建议

本文通过调查分析，研究了游客对眉山文化旅游地"经济、民风、环境"三个方面的形象感知、旅游体验及其意向行为的互动关系。现结合文化旅游地特点，提出一些具有实操性的建议，希望能有益于文化旅游地尤其是眉山旅游地的形象建设和三苏祠未来的发展。

（一）展示文化独特性，多途径设计和开发三苏文化旅游资源

旅游者在文化旅游过程中重视个人体验，他们渴求的是一种更轻松、更自然、更自我的个人境界。因此文化旅游地管理者要针对游客的心理需求，对游客类型进行精准区分，对旅游地进行更深度的文化挖掘和更为人性化、体验化的设计。利用地方特色文化资源打造优质的文化产品，结合眉山自身的旅游资源优势，探索一种文化与旅游相辅相成、良性互动的产业发展战略。

游客对于旅游地文化的独特性期待非常高，独特性强的文化旅游地更容易

受到游客的认可。因此，可以更多地提炼文化元素，开展切合的主题活动，同时利用高科技手段打造全感官的旅游系统，在虚拟游戏或场景中让游客身临其境。

（二）重视游客不同类型的体验，满足游客的旅游需求

从前面的数据分析结果可以看出，旅游体验与行为意向呈显著正相关关系。旅游体验的提高可以促使游客产生正向的行为意向。因此文化旅游地要着力发展出让旅游者能体会到在其他地方感受不到的独特体验，这样才能吸引更多的游客到文化旅游地旅游。另外，许多具有代表性的文化旅游地，如本文选取的案例地——眉山三苏祠和三苏博物馆，不仅是可供游览的旅游景区，更应该是一个集教育、娱乐、学习等为一体的景点。因此，应该增加对体验感的关注度，使旅游者能在轻松的状态中获得文化求知和观赏愉悦的双重体验。

在本文的调研地点——三苏祠和三苏博物馆中，游客共情体验、互动体验不足。这说明三苏祠和三苏博物馆应该采取相关措施提高游客的互动体验感，在其文创纪念品、文化体验活动中加强旅游者的体验参与感。可以适当增加文化类体验项目，如开展诗歌朗诵活动、国学类体验活动，或者利用多媒体设备增加互动项目等。

（三）明确文化旅游地资源优势，加大文化宣传

虽然文化旅游地凭借其文化背景享有知名度，比如三苏祠和三苏博物馆，以苏氏父子卓越的创造才能和辉煌的文学成就享有盛名，但是真正因为崇拜或为了瞻仰苏氏父子而专门来到此地的旅游者并不多。因此文化旅游地应该明确自身独有的文化优势，继续加大文化宣传力度。就三苏祠本身而言，可以通过拍摄和播放三苏文化影视片，举办诗歌文化知识讲座、经典传承诵读会、研讨会和巡回展等公益活动，提升旅游者对三苏文化以及诗歌文化的了解。还可以大量利用传统媒体和新媒体平台等进行广泛宣传。

参 考 文 献

符全胜，2005. 旅游目的地游客满意理论研究综述［J］. 地理与地理信息科学，21（5）：90-94.

韩海龙，2019. 博物馆游客体验质量影响因素研究［J］. 合作经济与科技，9x：112-114.

何琳，周银枝，2019. 基于感知价值的红色旅游游客满意度研究：以嘉兴南湖景区为例［J］. 嘉兴学院学报，31（5）：119-125.

李蕾蕾，2008. 旅游目的地形象策划：理论与实务［M］. 广州：广东旅游出版社.

李蕾蕾，2000. 旅游目的地形象的空间认知过程与规律［J］. 地理科学，20（6）：563-568.

李钊，谢元鲁，2014. 四川眉山发展文化旅游存在的问题及对策研究［J］. 西部经济管理论坛，1：33-38.

柳振万，2006. 旅游目的地营销：城市旅游形象的设计与推广：兼论大连创建中国最佳旅游城市的战略思考［J］. 旅游学刊，21（8）：10-11.

王羽，2017. 文学旅游地的真实性及其旅游者综合体验研究：以成都杜甫草堂为例［D］. 成都：四川大学.

杜邦分析法在上市公司财务分析中的应用研究

——以千禾味业食品股份有限公司为例

张 科 张 军

摘 要 ···

对上市公司而言，财务分析法是企业管理者、投资者、债权人等不同财务分析主体的重要分析工具。本文以上市公司千禾味业食品股份有限公司为例，以其 2016—2018 年的财务报表为基础，运用以净资产收益率为核心的杜邦分析法，通过因素分析及连环替代，试图发现千禾味业经营管理中的问题，并提出合理建议。

关键词 ···

杜邦分析；千禾味业；财务分析

随着社会经济的发展和全球企业竞争的加剧，良好的企业管理能力越发重要。而财务管理是企业管理的核心，对企业的生产运营及长远发展有重要影响。其中，财务分析作为财务管理的重要一环，通常采用专门的方法，基于过去的企业绩效和财务指标衡量企业现在的发展水平并且预测未来的发展前景（王娇娇，2019）。本文通过杜邦分析法，逐级分解核心指标净资产收益率，找到影响因素，对企业财务进行综合分析，试图找到企业经营中的主要问题，为改善企业管理提供可靠的依据。

一、杜邦分析法概述

　　杜邦分析法（DuPont analysis）最初是由美国杜邦公司采用的一种对公司经营绩效及财务状况进行综合分析的财务分析体系（见图1）。它的核心原理是把核心财务指标净资产收益率分解为销售净利率、总资产周转率、权益乘数三个指标，全面、直观、综合地反映企业财务状况。其中，销售净利率等于净利润除以营业收入，反映企业盈利能力；总资产周转率等于营业收入除以平均总资

产，反映企业营运能力；权益乘数等于1除以（1-资产负债率），该指标越大，
说明资产负债率越高，反映企业偿债能力。

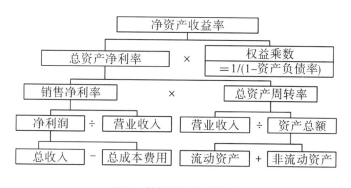

图1 杜邦财务分析体系

二、杜邦分析法在千禾味业食品股份有限公司中的应用

千禾味业食品股份有限公司（以下简称"千禾味业"）是一家专注于酿造
健康调味品的股份制企业，总部位于四川省眉山市，于2016年3月7日在上海
证券交易所上市。公司主营业务为酱油、食醋等调味品的研发、生产和销售；
焦糖色等食品添加剂的研发、生产和销售。其主要产品为酱油、食醋、料酒等
为主的调味品及焦糖色为主的食品添加剂。

（一）因素分析

因素分析法是依据分析指标与其影响因素的关系，从数量上确定个体因素
对分析指标产生的影响的一种方法。它是用来确定几个相互联系的因素对分析
对象——综合财务指标或经济指标的影响程度的一种分析方法（刘银玲、张鑫
琳，2018）。

本文选取千禾味业2016—2018年的财务数据，计算出各个主要财务比率结
果（表1和表2）。

表 1　千禾味业 2016—2018 年主要财务数据

单位：元

年份	净利润	营业收入	成本总额	资产总额	负债总额
2016	100 088 565.58	770 860 990.83	662 796 851.61	1 026 655 803.71	136 235 049.58
2017	144 059 434.25	948 167 111.51	792 202 600.28	1 196 126 831.38	133 139 831.00
2018	240 023 601.23	1 065 445 794.48	881 735 362.24	1 931 143 438.96	624 634 652.60

数据来源：据上交所千禾味业年报数据整理。

表 2　千禾味业 2016—2018 年主要财务比率和权益乘数

年份	净资产收益率（%）	总资产净利率（%）	销售净利率（%）	总资产周转率（%）	资产负债率（%）	权益乘数
2016	13.18	11.43	12.98	0.88	13.27	1.15
2017	14.59	12.96	15.19	0.85	11.13	1.13
2018	22.69	15.35	22.53	0.68	32.35	1.48

数据来源：据上交所千禾味业年报数据整理。

（1）销售净利率。千禾味业 2016—2018 年销售净利率从 12.98% 上升到 22.53%，这是由于销售收入的增速大于成本费用的增速。营业规模的扩大一般会伴随成本费用的上涨，因此企业在增加收入与扩大经营规模的同时，更要注意控制费用的增长，尤其是营业成本、销售费用及研发费用。

（2）总资产周转率。千禾味业 2016—2018 年总资产周转率呈下降趋势。总资产周转率受流动资产和非流动资产的间接影响，而流动资产反映一个企业的变现能力和偿债能力，非流动资产反映一个企业的经营规模、发展潜力。从千禾味业的资产负债表可知，2016—2018 年流动资产和非流动资产基本呈增长趋势，在 2018 年二者大幅增加，特别是存货和在建工程的增加，说明千禾味业虽然企业整体资产的营运能力有所下降，但是销售能力在不断增强，获利能力和发展潜力也在逐年提升。

（3）权益乘数。千禾味业 2016—2018 年的权益乘数分别为 1.15、1.13、1.48。权益乘数越大，权益净利率就越高，资产负债率也越高，财务风险也会随之增大。因为千禾味业处于快速发展阶段，因此在 2018 年其资产负债率有大幅上升。

（4）总资产净利率。千禾味业 2016—2018 年总资产净利率持续上升，主要是由于这三年的销售净利率的持续上升。

（5）净资产收益率。千禾味业 2016—2018 年净资产收益率呈上升趋势，这是良好的信号。企业净资产收益率越高，反映企业对股东投入资本的利用效率就越高，运营效益越好，对投资者、债权人的保证程度就越高。

（二）连环替代

连环替代法用于确定因素影响，运用在经济活动分析中，可以确定各个因素对于某一经济指标发生变动的影响程度（吕慕瑶，2019）。此方法用被分析指标的报告期数据与基期数据进行对比，并以比较结果作为分析对象，利用因素替换得到影响分析对象变动的因素及程度。根据千禾味业 2016—2018 年净资产收益率的情况，从连环替代法的分析角度，对净资产收益率的影响因素进行相对深入的分析。

净资产收益率＝销售净利率×总资产周转率×权益乘数

1. 2016—2017 年指标连环替代分析

基期：2016 年净资产收益率＝12.98%×0.88×1.15＝13.14%

报告期：2017 年净资产收益率＝15.19%×0.85×1.13＝14.59%

分析对象：14.59%－13.14%＝1.45%

第一因素替代：15.19%×0.88×1.15＝15.37%

第二因素替代：15.19%×0.85×1.15＝14.85%

第三因素替代：15.19%×0.85×1.13＝14.59%

（1）销售净利率的影响：15.37%－13.14%＝2.23%

（2）总资产周转率的影响：14.85%－15.37%＝－0.52%

（3）权益乘数的影响：14.59%－14.85%＝－0.26%

（1）+（2）+（3）：2.23%+（-0.52%）+（-0.26%）= 1.45%

通过上述分析结果可知，导致千禾味业 2017 年净资产收益率上升 1.41% 的主要影响因素为：销售净利率增长了 2.21% 导致净资产收益率增长 2.23%；总资产周转率下降了 0.03 导致净资产收益率下降 0.52%；权益乘数下降了 0.02，导致净资产收益率下降 0.26%。三个因素对净资产收益率变动的总影响率为 1.45%。在上述三个影响千禾味业净资产收益率增长的因素中，销售净利率的上升是净资产收益率上升的最重要因素，而总资产周转率却是使净资产收益率下降的最主要因素。

2. 2017—2018 年指标连环替代分析

基期：2017 年净资产收益率 = 15.19%×0.85×1.13 = 14.59%

报告期：2018 年净资产收益率 = 22.53%×0.68×1.48 = 22.67%

分析对象：22.69%-14.59% = 8.10%

第一因素替代：22.53%×0.85×1.13 = 21.64%

第二因素替代：22.53%×0.68×1.13 = 17.31%

第三因素替代：22.53%×0.68×1.48 = 22.67%

（1）销售净利率的影响：21.64%-14.59% = 7.05%

（2）总资产周转率的影响：17.31%-21.64% = -4.33%

（3）权益乘数的影响：22.67%-17.31% = 5.36%

（1）+（2）+（3）：7.05%+（-4.33%）+5.36% = 8.08%

通过上述分析结果可知，导致千禾味业 2018 年净资产收益率上升 8.08% 的主要影响因素为：销售净利率增长了 7.34% 导致净资产收益率增长 7.05%；总资产周转率下降了 0.17 导致净资产收益率下降 4.33%；权益乘数增长了 0.35，导致净资产收益率增长了 5.36%。三个因素对净资产收益率变动的总影响率为 8.08%。在上述三个影响千禾味业净资产收益率增长的因素中，销售净利率的上升和权益乘数的增长是净资产收益率上升的重要因素，而总资产周转率却是使净资产收益率下降的最主要因素。

（三）对策与建议

（1）扩宽产品销售渠道，保持销售增长态势。当前在我国着力推进供给侧改革背景下，居民收入和消费增长总体平稳，消费结构升级以及市场产品多样化趋势得以延续，将持续为调味品行业创造增长空间。

因此千禾味业除了保留传统商超、餐饮销售渠道外，还应扩宽销售渠道，开发电商平台，并提升现有电商平台的运营质量，利用优质电商平台，全面强化营销能力，提高市场份额，保持销售增长态势。

（2）加快建设释放产能，加速资金存货周转。千禾味业为满足高速增长的市场需求，提升市场地位，近年不断进行产能扩张，如大幅增加在建工程，投资数亿元建设调味品生产基地，扩充酱油、蚝油及黄豆酱产能。因此要加快建设，使产能尽快得到释放。同时企业近年货币资金激增，存货也小幅增长，所以要加快资金和存货周转速度，避免资金浪费。

（3）优化企业资本结构，合理使用财务杠杆。2016—2017 年千禾味业权益乘数下降，说明未充分使用财务杠杆；而在 2018 年千禾味业通过增加短期借款，发行可转债等，适度增加了负债比重，使权益乘数上升，净资产收益率提高。因此企业应继续优化资本结构，合理使用财务杠杆，以得到最大的财务杠杆收益，同时也要注意防范财务风险。

三、结论

本文应用杜邦分析法对千禾味业 2016—2018 年的财务数据进行了综合分析，通过对净资产收益率进行因素分解和连环替代，得出结论，并提出了相关的合理对策及建议。

但是，传统杜邦分析法忽视了现金流量、发展能力指标和企业战略等问题，在分析时难免存在不足（刘冰，2018）。因此在应用时应结合企业现金流量数据、企业战略、发展前景等，为企业管理者、投资者、债权人等提供更准确、深入的企业经营发展信息。本文在此方面，也有待进一步深入研究。

参 考 文 献

刘冰，2018. 杜邦分析法在百度公司财务分析中的应用和改进 [J]. 现代经济信息，19：172-173.

刘银玲，张鑫琳，2018. 杜邦分析法在苏泊尔公司财务分析中的应用研究 [J]. 经济研究导刊，18：103-104+120.

吕慕瑶，2019. 杜邦分析法在企业财务分析中的应用：以江苏太平洋石英股份有限公司为例 [J]. 中外企业家，27：5.

王娇娇，2019. 杜邦分析法在上市公司财务分析中的应用：以比亚迪为例 [J]. 中外企业家，23：53+55.

大学生创业法治思维和依法
办事能力培养研究

李坤芝　张秀芳

摘　要 ···

本文以高职院校大学生创业为例，结合大学生创业过程中存在的与法治思维相关的问题，思考如何进行法治思维教育及培训，并有针对性地选择与创业密切相关的法律问题展开讨论，让大学生对其创业活动所面临的法律环境有充分的了解和掌握，在创业活动的各个环节采取相应的对策，以期达到成功创业的预期目标。

关键词 ···

创业教育；法律环境；法治思维；依法办事

创业创新作为国家的政策导向,是可持续发展的坚实基础。大学生作为高层次人才,是实施"创业四川行动"战略的中坚力量;创业是大学生多重择业途径的发展,是主动参与社会发展的有益尝试。在贯彻全面依法治国方略中,法治思维应当贯穿于大学生自主创业的始终。大学生由于自身经验和能力的局限,在创业过程中更容易受到法律风险的冲击。因此,本文试图以此为导向,对当代高职院校大学生创业中的法治思维和依法办事能力进行分析和研究。

一、大学生创业社会调查基本情况

　　调查目标:通过对参与创业的大学生进行问卷调查,分析我国大学生在创业中的法治思维和依法办事能力的现状和存在的问题。

　　调查时间:2019 年 6 月 10 日—2019 年 8 月 30 日。

　　调查对象:四川范围内高职院校大学生创业群体。

　　调查方式:网络问卷、实地填写调查表、谈话交流等。

　　调查内容:见表 1。

二、具体过程及数据分析

此次调查共发放调查问卷 300 份，收回 300 份。

表 1 调查问卷表

项目		人数（人）	比例（%）
性别	男	197	66
	女	103	34
创业地点	眉山市	34	11
	成都市	63	21
	成都周边	42	14
	天府新区	71	24
	乐山市	52	17
	德阳市	30	10
创业项目	电子商惠类	30	10
	金融贸易类	12	4
	食品类	36	12
	服装服饰类	114	38
	养殖种植类	6	2
	教育培训类	102	34
创业项目法律风险	无	216	72
	违约、合同风险	66	22
	侵犯知识产权	12	4
	偷税漏税	0	0
	非法经营	0	0
	隐私泄露	0	0
	其他	6	2

表1(续)

项目		人数（人）	比例（%）
风险发生后的解决办法	法律诉讼	30	10
	法律援助	12	4
	协调解决	42	14
	其他	0	0
开设创业法治课程的必要性	有必要	300	100
	无必要	0	0
创业最大障碍	资金不足	60	20
	缺乏管理经验	66	22
	缺乏相关法律知识	120	40
	市场把握不准	54	18
	其他	0	0
经济效益	有较大盈利	72	24
	有一定盈利	48	16
	盈亏持平	162	54
	有些亏损	12	4
	有较大亏损	6	2

　　从调查结果来看，在当前选择创业的大学生群体中男性居多，占66%；创业群体中，有28%的人认为存在法律风险；大多数人选择协调和诉讼等方式作为风险发生后的解决方法；100%的人认为有必要开设创业法治专业课程。最后，结合调查结果发现大学生创业中的法治思维和依法办事能力存在以下问题。

三、大学生创业中的法治思维和依法办事能力存在的主要问题

（一）欠缺法律知识

　　很多大学生在毕业之后选择创业，但是一部分人不了解创业组织的条件，

缺少法律层面的商事主体，缺少承担风险和责任的能力。所以有时大学生的创业项目因为不符合法律规定，无法享受国家扶持政策，如海外商品代购，二手货物倒卖等。创业组织需要原始股东或其他投资人进行成本认缴，但很多大学生创业者无法吸收外部资金保证资金的充足，所以很多大学生的创业项目无法深入推进。他们空有一腔热情，却难以应对资金链断裂的现实。

（二）对法律风险认知不足

大学生在创业时，有时会因多种原因导致对外部的风险认知不足。具体表现在以下四个方面。

（1）延期还贷。

（2）因为产品质量不过关或服务不到位，而导致失信或违约的问题。

（3）侵犯知识产权。一些企业在经营管理的过程中，没有重视知识产权，从而导致财产损失，进而影响整个创业组织的发展。

（4）盲目追逐利润，忽视法律风险。

（三）内部风险防控较差

大学生在创业时，对内部风险防控较差。具体表现在以下两个方面。

（1）合同管理方面。一部分人对组织内部的管理不到位，有时缺乏对合同的正确认知，给企业带来一定的损失或纠纷，付出惨痛的代价。这也是我们常常说的"合同陷阱"。

（2）融资渠道方面。很多大学生在创业时没有充足的资金来源，因此他们普遍会通过贷款筹集资金。有的人申请国家扶持资金或通过银行为中小企业提供的绿色通道等筹集资金；但是也有人为了追求高额的资金效益，选择通过不法融资贷款的方式进行筹资。

（3）其他方面。互联网飞速发展，很多学生选择了成本较小、环境多元化的"互联网+"运营方式。但是这种运营方式也存在不足，很容易造成个人信息、隐私泄露等。

四、强化大学生创业中的法治思维和依法办事能力

全面强化大学生创业中的法治思维和依法办事能力，可以从三个方面进行探讨——政府、社会和高校。

（一）政府方面

政府要进一步加强大学生创业的法律保障。第一，要通过完善立法及相关政策对大学生创业者给予特别保护。第二，要完善法律扶助平台。为大学生创业提供法律宣传和咨询，推荐企业法律顾问，提供处理指导日常纠纷和诉讼等方面的法律服务，使大学生有效防范法律风险。第三，要充分调动各级律师协会等社会团体。这些团体除了发挥其法律宣传、纠纷化解等作用外，还可以走访大学生创业企业，定期为创业者及员工提供法律风险管理培训，提升法治思维和依法办事能力。

（二）社会方面

政府应当加强地方组织的相互协调，让创业组织充分发挥作用，成为大学生创业就业的"听诊器"、国家政策对接的"高速路"、交流沟通的"好平台"和青年企业家的"孵化器"。地方组织协助政府部门进行法律宣传，向有关部门反馈大学生创业的法律问题和建议，并搭建政府与企业的交流平台，第一时间对大学生进行法律咨询教育和法律宣传。在引导大学生进行自我教育和自我管理的同时，地方组织还要承担起一定的监督职责，时刻保障社会风气的风清气正。

（三）高校方面

很多学生在毕业选择创业时，已经具备较为成熟的想法，一部分人在高校就读期间就已经开始对创业项目、创业组织进行全方位的谋划。高校在对大学

生进行就业辅导和宣传时，也可以同步加强法制教育，全面引导大学生合法创业、合法经营。具体表现在以下两方面。

（1）加强大学生创业者对法律知识的学习，提高他们对创业法律的认知。可以对包括劳动法、知识产权法、与企业生产经营有关的法律法规等进行培训，增强大学生创业者的证据意识、维权意识和风险意识。

（2）邀请专业的法律专家或律师，为有意创业的学生进行专门的培训授课，为他们讲解在企业经营管理的过程中存在的内部或外部的法律风险，切实引起学生对于法治思维和依法办事的重视。这也是从根本上解决大学生的创业问题，引导他们学会用法律的武器来保障自己的合法权益。

五、对大学生创业中的法治思维及依法办事能力的展望

改革开放 40 多年来，我国经济飞速发展，中国在世界范围内更具有话语权。面对百年未有之大变局，当代青年要朝着"两个一百年"的奋斗目标不断前行，争取更宽广的展示舞台。大学生创业已是大势所趋，关系着高校、社会甚至是国家的未来发展，相信在多方的共同努力下，大学生创业中的法治思维和依法办事能力能够进一步提升，为创新创业的成功奠定基础。

参考文献

崔在兴，2017. 高校大学生创业法治教育研究述评 [J]. 法制博览，28：182-183.

胡电喜，杨光，2014. 文化视域下大学生创业意识的培养 [J]. 玉溪师范学

院学报，30（12）：51-55.

胡永红，2009. 大学生创业意识培养研究 [J]. 法制与社会，17：315.

雷玲，2018. 大学生创业意识培养机制探析 [J]. 教育现代化，5（3）：44-47.

刘琼芳，2017. 新时代背景下大学生创业意识和创业能力的探究 [J]. 湖北师范大学学报（哲学社会科学版），37（4）：135-138.

牛天宇，2018. 新时代背景下大学生创业意识和创业能力的培养 [J]. 南方农机，6：171.

王升，2002. 研究性学习的理论与实践 [M]. 北京：教育科学出版社.

张先华，2005. 教育思想的革命 [M]. 北京：北京大学出版社.